The Happiest Man on Earth

세상에서 가장 행복한 100세 노인

죽음의 수용소에서 살아남은 사람의 인생 수업

세상에서 가장 행복한 100세 노인

에디 제이쿠 지음 | 홍현숙 옮김

The Happiest
Man on Earth

동양북스

다음 세대에게

뒤에서 걷지 마세요. 이끌고 싶지 않아요.
앞에서도 걷지 마세요. 따라가고 싶지 않아요.
나란히 함께 걸으며 친구가 되어주세요.

_ 무명씨

일러두기

＊독자의 이해를 돕기 위해 필요한 경우에 한해서 옮긴이 주를 위첨자로 실었습니다.

＊위첨자 주를 제외한 괄호 안 해설은 원서 내용을 그대로 번역한 것입니다.

＊이 책은 독일인 저자가 영어로 쓴 것입니다. 원문에서 독일어 혹은 영어가 아닌 다른 언어로 강조한 부분은 현장감을 살리기 위해 발음 그대로 표기하고 괄호 안에 원문을 실었습니다.

"당신의 인생을 아름답고 행복하게 만드는 것은
당신 손에 달려 있습니다."

_ 에디 제이쿠

"사랑을 버리지 않는 사람에겐
희망이 있다!"

왜 전 세계적으로 수많은 독자들이 이 책을 읽고 고통에 공
감하고 희망의 가능성을 발견했을까? 그것은 저자의 글 속
에서 나 자신을 발견할 수 있고 우리 모두에게 삶의 의미를
일깨워주기 때문이다.

공교롭게도 저자는 나와 같은 해에 태어났고 이 글을 남
기고 백 살이 넘은 나이에 세상을 떠났다. 그래서일까. 나는
책을 읽는 내내 나의 인생 기록을 보는 것 같아 슬프면서도
마음으로부터 미소가 피어올랐다.

저자가 숙명과도 같은 비극의 주인공이 된 것은 유대인으

로 태어났다는 운명에서 시작된다. 나도 그랬다. 나 역시 일
본인이 아닌 한국인이었기 때문에 25년간 버림받은 인생을
살았다. 해방을 북한에서 맞이했다. 공산주의자가 될 수 없
었기 때문에 자유와 희망을 빼앗겼다. 적대감을 품은 사람
들의 증오와 고발을 피할 수 없어 목숨을 걸고 탈북했다. 나
의 어머니와 가족들은 전쟁을 가까스로 피해 평양에서 부산
까지 걸어서 내려와 어렵사리 나와 만날 수 있었다. 우리 가
족 역시 힘든 역경을 이겨내고 오늘날 사랑과 행복을 찾아
누리고 있다.

저자 에디 제이쿠는 대학에서 기계공학 공부를 마치고 집
으로 돌아온 열아홉 살 때부터 강제 수용소를 전전해야 했
다. 그러다가 마침내 부모와 함께 세계 역사상 최악의 지옥
으로 상징되는 아우슈비츠에 수감된다. 약 백오십만 명의
유대인이 학살당했고, 수감자의 평균 생존 기간이 일곱 달
밖에 안 되는 그곳에서 부모의 죽음을 알게 된다. 매일같이
폭력으로 희생되고, 굶주려 목숨을 잃고, 스스로 죽음을 택
하는 동족과 친구들을 지켜봐야 했다. 다행히 그는 비유대
인으로 가장하고 대학에서 기계공학을 전공했기 때문에 그

전문 기술을 이용해 일하면서 간신히 목숨을 부지할 수 있었다. 우리나라가 해방되는 1945년에 그 역시 수용소에서 해방된다. 비로소 인간이 만든 지옥에서 풀려난 것이다.

건강은 물론 모든 것을 상실한 저자는 자신의 모든 것을 앗아간 독일 땅에서는 살 수 없었기에 벨기에로 이주한다. 아우슈비츠로 잡혀가기 전에 가족들과 숨어 살면서 목숨을 이어 가던 곳이다. 그러나 저자는 희망을 버리지 않았다. 자신은 인간이 누릴 수 있는 존중과 착한 마음을 받지 못하더라도 먼저 동정과 사랑을 베푸는 천사의 마음을 갖고 살았다. 고독을 사랑으로 치유했고 고통을 즐거움으로 바꿔주는 인간애를 찾아 나섰다. 그런 정신적 수양이 지옥에서 체험한 악의 운명을 선한 삶으로 거듭나게 했다.

나는 그의 사진을 볼 때마다 그 안에 숨겨져 있는 나 자신의 모습을 느끼곤 한다. 또 모든 선한 사람들, 사랑을 실천하는 사람들이 갖고 있는 아름다운 공통점을 발견하곤 한다.

그는 최악의 상황에서 최선의 인생을 창조했다. 그에게는 언제나 생사를 함께하는 친구들이 있었고, 결국에는 모두가 부러워하는 가정을 꾸렸다. 전쟁과 비극의 기억을 안겨준 유럽을 떠나 호주에서 살면서 사업에서도 성공을 거두었다. 보통 사람이 누리지 못하는 백수_{白壽}의 인생을 살면서 행복을 몸소 보여주었다.

그의 이야기를 읽으면서 청소년들은 절망에서 희망을 발견하고, 성인들은 악의 역사 속에서도 양심을 행하는 용기를 얻게 된다. 사랑이 있는 고생이 최고의 행복이었다는 것을 느끼게 된다. 나는 이 책을 세상의 모든 아들, 딸들에게 꼭 들려주고 싶다. 많은 젊은이들이 이 책을 읽고 사랑을 버리지 않는 사람은 희망과 행복의 주인공으로 다시 태어날 수 있다는 신념을 가져주었으면 좋겠다.

이 책은 인생이란 거울 속에서 나를 찾아보게 하는 진귀한 기록이다.

2021년을 떠나보내면서
김형석 연세대 명예교수
『백년을 살아보니』 저자

친애하는 나의 새 친구에게

나는 한 세기를 살았습니다. 그래서 인간의 얼굴에 깃든 사악함이 뭔지 잘 압니다. 나는 죽음의 수용소에서 인간의 가장 사악하고 추악한 모습을 목격했습니다. 나치는 나와 모든 유대인을 말살시키려 했습니다.

하지만 나는 지금 세상에서 가장 행복한 사람이 되었습니다.

길고 긴 세월을 살면서 내가 알게 된 한 가지를 이야기하고 싶습니다.

그것은 바로 내가 인생을 아름답게 만들려고 하면, 아름다워질 수 있다는 것입니다.

이제부터 내가 살아온 이야기를 해보려 합니다.

칠흑같이 어둡고 참혹한 비애가 깃든, 슬픈 이야기입니다. 하지만 결말은 행복하기 그지없습니다. 행복은 선택할 수 있는 것이기 때문입니다. 그건 바로 우리 자신에게 달려 있습니다. 어떻게 그럴 수 있는지 이야기를 시작해보겠습니다.

||||| **1장** |||||

돈보다 귀한 것

❖

나는 1920년 독일 동부, 라이프치히^{Leipzig}라는 도시에서 태어났다. 이름은 아브라함 살로몬 야쿠보비치^{Abraham Salomon Jakubowicz}였고, 친구들은 나를 아디^{Adi}라 불렀다. 영어로는 에디^{Eddie}라고 발음한다. 그러니 친구여, 나를 에디라 불러주길.

우리는 사랑이 넘치는 대가족을 이루고 살았다. 아버지 이시도로에게는 남자 형제 넷, 여자 형제 셋이 있었다. 어머니 리나는 열두 남매와 함께 자랐다. 그렇게 많은 아이를 낳아 기르다니, 외할머니가 얼마나 대단한지 모른다! 외할머니는 1차 세계대전으로 아들을 한 명 잃었다. 그는 독일을 위해 목숨을 바친 유대인이었다. 군 소속 목사였던 외할아버지도 이 전쟁에 나갔다가 돌아오지 못했다.

독일에 정착한 폴란드 이민자인 아버지는 독일 시민이 된 것을 무척이나 자랑스러워했다. 독일어에 능숙한 아버지는 타자기 제조사인 레밍턴Remington사에서 정밀 기계공학 견습생으로 일하다 폴란드를 떠났고, 미국으로 건너간 뒤 독일 상선에서 일했다.

아버지는 그곳에서 일하면서 승승장구했지만, 가족이 그리웠고 또 다른 독일 상선도 둘러보고 싶어서 다시 유럽으로 갔다. 그러나 유럽으로 간 지 얼마 안 돼 1차 세계대전이 터지는 바람에 발이 묶이고 말았다. 폴란드 여권으로 여행하다 외국인 불법 체류자로 독일에 억류된 것이다. 하지만 독일 정부는 숙련된 기계공인 아버지의 능력을 알아채고는 라이프치히의 어느 공장에서 일할 수 있도록 허락했다. 전쟁에 쓸 중화기를 만드는 공장이었다. 이때 아버지는 어머니를 만나 사랑에 빠졌고, 독일도 사랑하게 되었다. 그래서 전쟁이 끝난 뒤에도 독일에 남았다. 아버지는 라이프치히에 공장을 세우고 어머니와 결혼했으며, 곧 내가 태어났다. 두 해 뒤에는 여동생 요하나가 태어났고, 우리 가족은 요하나를 헤니라 불렀다.

독일에 대한 아버지의 충성심과 자부심을 흔들 수 있는 건 아무것도 없었다. 우리의 정체성은 첫째도 독일인, 둘째도 독일인, 그리고 그다음이 유대인이었다. 유대교를 믿는 것도 훌륭한 라이프치히 시민이 되는 것 다음이었다. 유대교의 전통과 휴일을 지키긴 했지만, 우리가 사랑하고 충성을 맹세한 나라는 독일이었다. 나는 자그마치 800년 동안 문화와 예술의 중심지였던 라이프치히에서 태어난 것이 자랑스러웠다. 라이프치히에는 세계에서 가장 유서 깊은 교향악단이 있었으며, 요한 제바스티안 바흐, 클라라 슈만, 펠릭스 멘델스존 등의 음악가뿐 아니라, 괴테, 라이프니츠, 니체를 비롯한 수많은 작가와 시인 및 철학자에게 영감을 준 도시이기도 했다.

유대인은 수백 년 동안 라이프치히 사회의 중추 역할을 했다. 유대인이 안식일인 토요일에 일하지 않으므로, 중세 시대부터 큰 장은 토요일이 아닌 금요일에 열릴 정도였다. 라이프치히 시민이자 자선가인 뛰어난 유대인들이 유대인 공동체뿐 아니라 모든 시민을 위해 유럽에서 가장 아름다운 유대교 회당을 세우기도 했다. 모두가 조화롭게 어울려 살아가는 건 지극히 당연한 일이었다. 라이프치히에서 사는 것은 어린아이에게도 정말 신나는 일이었다. 집에서 5분만 걸어가면 동물원이 있었는데, 이 동물원은 보유한 동물의 종류와 생포해서 번식시킨 사자의 수가 전 세계에서 가장 많기로 유명했다.

어린 소년에게 이런 사실이 얼마나 가슴 뿌듯했는지 상상할 수 있겠는가? 해마다 두 번 대규모 무역 박람회가 열렸는데 그때마다 아버지는 나를 데리고 가서 마음껏 구경하도록 해주었다. 이 무역 박람회 덕분에 라이프치히는 유럽에서 가장 수준 높고 부유한 도시가 되었다. 새로운 기술과 아이디어가 이를 통해 연쇄 작용을 일으키며 널리 퍼져 나갔기 때문이다. 독일에서 두 번째로 유서 깊은 라이프치히 대학교는 1409년에 설립되었고, 세계 최초의 일간지는 1650년 라이프치히에서 발간되기 시작했다. 그뿐 아니라 라이프치히는 책의 도시이자 음악의 도시이며, 오페라의 도시였다. 어린 시절 나는 전 세계에서 가장 앞서가고 가장 교양 있으며 가장 세련된, 그리고 의심의 여지없이 교육 수준 또한 가장 높은 사회의 일원임을 믿어 의심치 않았다. 이런 내 생각이 얼마나 큰 착각이었는지…….

독실한 신자는 아니었지만, 우리 가족은 정기적으로 유대교 회당을 찾았다. 어머니는 유대교 율법에 따른 식단과 조리법을 지켰으며 가능한 한 전통적인 방식에 따랐는데, 그건 외할머니를 기쁘게 해드리기 위해서이기도 했다. 외할머니는 당시 우리와 함께 살았는데 신앙심이 무척 깊은 분이었다. 우리는 매주 금요일 저녁 모두 모여서 기도를 한 다음, 할머니가 정성스럽게 마련한 전통 음식을 먹으며 안식일인 사바스^{Shabbos} 만찬을 즐겼다. 할머니는 커다란 나무 화덕에 음식을 했는데, 이 화덕은 난방용으로도 사용했다. 여기에 불을 피우면 집안 곳곳에 온기가 퍼져 나갔고, 연기는 집 밖으로 안전하게 빠져나갔다. 밖에서 추위에 떨다 집으로 들어오면 나무 화덕 옆 쿠션에 앉아 몸을 녹이곤 했다. 작은 닥스훈트종인 룰루라는 개도 길렀는데, 추운 겨울밤이면 룰루가 내 무릎으로 기어올라와 몸을 동그랗게 말고 쉬곤 했다. 이런 밤들에 대한 추억이 얼마나 소중한지 모른다.

아버지는 열심히 일해 가족을 부양했고, 그 덕분에 우리는 안락한 생활을 했다. 하지만 아버지는 우리에게 이 세상에 물질적인 것보다 소중한 게 훨씬 더 많다는 것을 일러주기 위해 애쓰는 분이었다. 금요일 저녁 안식일 만찬을 시작하기 전에 어머니는 계란과 밀가루로 만든 찰라 빵(특별한 날에만 먹는 이 빵은 진짜 맛있었다)을 서너 덩어리씩 구웠다. 여섯 살 무렵 식구가 넷뿐인데 빵을 왜 그렇게 많이 굽느냐고 내가 물었더니, 아버지는 형편이 어려운 사람들에게 나눠주기 위해서라고 설명해주었다. 아버지는 가족뿐 아니라 친구들을 너무 좋아해서, 늘 누군가를 데려왔고 모두 함께 저녁을 먹곤 했다. 그럴 때면 어머니는 식탁에 앉을 자리가 없으니 한꺼번에 다섯 명 이상은 안 된다고 엄포를 놓았다.

"돈이 있고 좋은 집에 살 만큼 운이 좋다면, 그렇지 못한 사람들을 도우면서 살아야 돼. 내가 가진 좋은 운을 남들과 나누는 것, 그게 바로 인생이야. 알았지?"

아버지는 늘 이렇게 이야기하곤 했다. 또한 받는 것보다 주는 게 더 큰 기쁨이며, 인생에서 소중한 것은 가족과 친구 그리고 친절을 베푸는 것인데, 이것들이 돈보다 훨씬 더 가치 있다고 입버릇처럼 말하곤 했다. 사람은 그 자체로 그가 가진 재산보다 더 귀하다고. 어렸을 때는 그게 무슨 말인지 잘 몰랐지만, 인생을 살면서 온갖 풍파를 다 겪은 지금은 그 말이 옳다는 것을 뼈저리게 느낀다.

하지만 행복한 우리 가족의 삶은 그리 오래가지 못했다.

독일이 전쟁에 패하면서 곧 경제가 파탄에 빠졌고 우리에게도 점점 짙은 먹구름이 몰려오기 시작했다. 승리를 거둔 연합국은 전쟁을 일으킨 독일에 지불 능력 이상의 배상금을 요구했고, 이에 따라 6800만 독일 국민이 고통의 늪에 빠지고 말았다. 자부심 넘치던 독일 국민은 연료와 식료품 부족, 걷잡을 수 없이 퍼져 나가는 가난의 고통을 너무나 절절하게 느꼈다. 우리 가족도 마찬가지였다. 안락한 중산층이었던 우리는 현금을 손에 쥐고도 생필품을 구하기 힘들었다. 어머니는 몇 킬로미터를 걸어 시장에 가서 좋았던 시절에 샀던 옷과 가방을 계란과 우유, 버터와 빵으로 바꿔 오곤 했다. 열세 살 생일에 아버지가 선물로 뭘 받고 싶으냐고 물었는데, 계란 여섯 개와 흰 빵 한 덩어리, 그리고 파인애플이 먹고 싶다고 대답한 기억이 난다.

독일인들은 호밀로 만든 흑빵을 좋아해서 흰 빵은 구하기 힘들었다. 게다가 계란 여섯 개보다 더 굉장한 건 상상할 수도 없었고, 파인애플은 한 번도 본 적이 없었다. 그런데 어떻게 했는지는 모르지만, 아버지는 파인애플을 구해 왔다. 아버지는 그런 분이었다. 나를 웃게 할 수만 있다면, 불가능해 보이는 일도 척척 해내곤 했다. 나는 너무 신이 난 나머지 계란 여섯 개와 파인애플 한 통을 그 자리에서 먹어치웠다. 그렇게 많은 음식을 한꺼번에 먹어본 적은 없었다. 어머니는 천천히 먹으라고 주의를 줬지만, 그 말이 귀에 들릴 리가 없었다!

인플레이션이 너무 심각해 장기간 저장 가능한 음식을 많이 사서 쌓아둘 수도, 앞날을 계획할 수도 없는 상황이었다. 아버지는 퇴근하면서 작은 여행 가방 가득 현금을 갖고 오곤 했지만, 그건 아침이면 쓸모없어질 돈이었다. 날 가게로 심부름 보낼 때면 아버지는 이렇게 말했다.

"에디, 살 수 있는 건 다 사 와야 돼! 빵 여섯 덩어리가 있으면 모조리 사 와! 내일이면 아무것도 없을지 몰라!"

이렇게 부유한 사람들조차 살기가 너무 힘들어지자, 독일인들은 모두 분노와 수치심에 휩싸였다. 사람들의 마음은 점점 각박해졌고, 해결 방법이 있다면 그게 뭐라도 받아들일 분위기가 조성되었다. 바로 이런 시기에 히틀러와 나치당은 독일인에게 해결책을 약속하며 적을 만들어 제시했다. 그 적은 바로 유대인이었다. 내 나이 열세 살인 1933년, 권력을 쥔 히틀러는 반유대주의 정서를 퍼뜨리기 시작했다.

유대인들은 열세 살이 되면 성인이 되었음을 축하하는

'바르미츠바^{Bar Mitzvah}'라는 종교 의식을 치르는데, 이는 고대부터 전해 내려오는 오랜 전통이다. '율법을 따르는 자녀'라는 뜻의 바르미츠바 의식을 치르고 나면, 대개 맛있는 음식을 먹고 춤을 추는 근사한 파티가 이어진다. 여느 때라면 웅장한 라이프치히의 유대교 회당에서 의식을 치렀겠지만, 나치가 권력을 잡은 뒤로는 그런 의식이 허용되지 않았다. 그 대신 집에서 300미터 거리에 있는 작은 유대교 회당에서 바르미츠바를 치렀다. 유대교 회당은 '슐^{shul}'이라고도 부르는데, '책의 집'이라는 뜻이다. 이 슐을 운영하는 랍비는 아주 지혜로운 분이었다. 그 랍비는 나치 친위대에 다니는 아들을 둔 비유대인이 회당 아래층을 쓸 수 있도록 세를 놓았다. 반유대주의 공격이 벌어질 때면, 이 친위대원은 자기 집을 지키려고 보초를 세웠고 결국 회당까지 안전하게 지킬 수가 있었다.

우리는 촛불을 밝히고, 가족과 세상을 떠난 이들을 위해 기도하며 종교 의식을 치렀다. 의식을 마친 뒤에 나는 유대교 전통에 따라 자신의 행동에 책임지기 위해 노력하는 성인이 되겠다고 다짐했다. 자연스럽게 이때부터 진로에 대해 고심하기 시작했다.

아주 어렸을 때는 의사가 되고 싶었지만, 그쪽에 재능이 있는 것 같지는 않았다. 독일에는 기억력과 손재주 검사 등으로 학생들의 적성을 알아봐주는 곳이 있었다. 검사 결과, 나는 수학과 시각적인 쪽에 재능이 있으며, 시력이 아주 좋고 눈과 손의 협응력協應力이 뛰어난 것으로 나타났다. 그래서 나는 훌륭한 기술자가 되기로 했다.

나는 32 폴크스슐레Volksschule, 독일의 공립 초등학교 – 옮긴이에 다녔는데, 그곳은 아름다운 건물에 있는 매우 좋은 학교였다. 집에서 약 1킬로미터 떨어진 곳이라 걸어가면 15분 정도 걸렸다. 하지만 이건 겨울이 아닐 때의 얘기였다! 라이프치히는 몹시 추운 도시여서, 한 해에 여덟 달 동안이나 강물이 단단하게 얼어붙는다. 이럴 때 강에서 스케이트를 타면 5분 만에 학교에 도착할 수 있었다.

1933년 나는 이 학교를 졸업했고, 이어서 라이프니츠 김나지움Gymnasium, 대학 진학을 위한 독일의 중고등학교 – 옮긴이에 진학할 예정이었다. 역사의 물줄기가 뒤틀리지 않았다면, 열여덟 살 때까지 그 학교에서 공부했을 것이다. 하지만 그러지 못했다. 어느 날 학교에 갔다 더 이상 이 학교에 다닐 수 없다는 통보를 받았다. 유대인이어서 쫓겨난 것이다. 아버지는 완강한 성품이어서 이런 사실을 받아들이지 못했고, 라이프치히 유력 인사들과의 친분을 이용해 곧 나의 진학을 위한 새로운 방안을 짜냈다.

"걱정 마. 계속 공부하게 될 거야. 내가 그렇게 만들어주고 말 테니까."

아버지는 이렇게 장담했다.

아버지는 나를 위해 가짜 서류를 만들었고, 나는 가까운 지인의 도움으로 '지터 운트 시어러Jeter und Shearer'라는 기계 공학 대학에 입학했다. 이 학교는 라이프치히에서 남쪽으로 멀리 떨어진 투틀링겐Tuttlingen에 있었는데, 전 세계에 정밀 기계학을 보급하는, 당시 전 세계 공학 기술의 중심지였다. 이 학교에서는 믿기 힘들 만큼 다양한 기계, 정교한 의료기기와 산업용 기계를 만들었다. 닭이 컨베이어 벨트 한쪽 끝으로 들어가, 털이 뽑힌 채 깨끗이 씻기고 포장되어 다른 쪽으로 나오는 기계를 이 학교에서 처음 봤던 게 아직도 생각난다. 그 당시로서는 정말 경이로운 기계였다! 나는 세계에서 가장 앞선 기계공학 교육을 받으면서 이런 첨단 기계를 만들고 다루는 법을 배울 예정이었다.

그 학교에 들어가려면 여러 차례 시험을 치러야 했다. 나는 너무 긴장한 나머지 이마에서 흐르는 땀방울이 시험지에 떨어질까 봐 마음을 졸이며 시험을 봤다. 정말이지 아버지를 실망시키고 싶지는 않았으므로.

아버지의 기지 덕분에 나는 발터 슐라이프라는 가명으로 그 학교에 입학했다. 독일 수상이 된 히틀러의 지시를 어겨도 잃을 게 별로 없는 독일의 비유대인 고아로 위장한 것이다. 발터 슐라이프는 실제로 실종된 독일 소년으로, 나치가 권력을 잡자 가족과 함께 소리 없이 독일을 떠난 것 같았다. 아버지는 그 소년의 신분증을 구해서 독일 정부를 속일 만큼 교묘하게 변조했다. 당시 종이로 된 독일 신분증에는 특수한 적외선을 비춰야만 보이는 작은 사진이 박혀 있었다. 신분증 위조는 보통 솜씨로는 어림없는 일이었지만, 아버지는 타자기에 대한 전문 지식이 있어서 어떤 도구를 어떻게 써야 하는지 잘 알고 있었다.

나는 가짜 신분증으로 그 대학에 입학해, 기계공학 분야의 수습 과정을 시작하는 것으로 새로운 인생의 첫발을 내디뎠다. 학교는 라이프치히에서 기차로 아홉 시간 떨어진 곳에 있었고, 입학한 순간부터 옷차림이며 공부하는 것 등 매사를 스스로 챙겨야 했다. 또한 무슨 일이 있어도 비밀을 지켜야 했다. 나는 매일 학교에 갔고, 밤에는 인근 고아원 숙소에서 훨씬 나이 많은 소년들과 함께 잤다. 수습생으로 일한 대가로 받은 얼마 안 되는 돈으로는 옷과 생필품을 샀다.

발터 슐라이프로 사는 것은 너무도 외로웠다. 무엇보다 내가 진짜 누구인지를 아무한테도 밝힐 수 없다는 게 힘들었다. 믿고 속마음을 털어놓을 만한 사람도 없었다. 섣불리 이야기를 꺼냈다가는 유대인이라는 게 밝혀지고 곧 위험해질 게 뻔했다. 화장실에 갈 때나 샤워를 할 때면, 다른 학생들에게 내가 할례를 받았다는 걸 들킬까 봐 노심초사했다. 그렇게 되면 모든 게 끝이었으므로.

가족들과 연락할 수도 없었다. 편지를 주고받는 것도 안전하지 않았고, 전화를 걸려면 누가 미행하지 못하도록 길고 복잡한 길을 지나, 전화가 있는 어느 백화점 지하까지 가야 했다. 아주 드물게 가족들과 통화할 때면, 고통스러울 만큼 마음이 아팠다. 그럼에도 집에서 그토록 멀리 떨어져 나이 어린 성인으로 홀로 살아가는 괴로움에 대해 불평을 늘어놓을 수도 없었다. 그렇게 해서 대학에 다니는 것이 그 당시에는 유일한 방법이었고, 나의 미래에 대해 걱정하는 아버지에게 보답하는 길이었기 때문이다. 가족과 떨어져 지내

는 것도 몹시 버겁고 힘들었지만, 가족의 기대를 저버리는
건 더 고통스러운 일이었다. 혼자 떨어져 사는 게 너무 힘들
고 외롭다고 토로하면, 아버지는 마음을 굳게 먹어야 한다
고 따끔하게 충고했다.

"에디, 지금 너무 힘들다는 건 알아. 근데 언젠간 나한테
고마워할 거야."

아버지는 이렇게 얘기하곤 했다. 내겐 이렇게 단호한 태
도를 보였지만, 전화를 끊고 나면 아버지가 어린아이처럼
울었다는 사실을 나중에 알게 되었다. 나에게 용기를 주려
고 대범한 척 연기했던 것이다.

그런데 나중에 보니 아버지의 말이 정말 맞았다. 내가 만
약 그 학교에서 공부하지 않았더라면, 나는 그 후에 닥친 운
명에서 결코 살아남지 못했을 것이다.

———

그렇게 어느덧 5년의 세월이 흘렀다. 뼈저린 외로움 속에서
쉴 새 없이 공부만 하며 지낸 5년이었다. 열세 살 반에서 열

여덟 살까지, 그토록 어린 나이에 다른 사람으로 위장하고 사느라 얼마나 고통스러웠는지 말로는 다 설명하기가 힘들다. 오랫동안 비밀을 품고 사는 것은 끔찍하게 버거운 짐이었다. 한순간도 가족이 그립지 않은 적이 없었지만, 공부를 계속하는 게 얼마나 중요한 일인지 나는 잘 알고 있었다. 이때 받은 교육으로 나는 너무나 많은 것을 얻었다.

수습생 기간이 끝날 무렵부터는 정교한 엑스선 장비를 만드는 회사에서 일했다. 학교에서 배운 이론과 기술을 이제 회사에서 마음껏 펼치면서 열심히 일해야 했다. 나는 하루 종일 일하고 밤에는 학교에 가서 공부했다. 일하지 않고 공부에만 전념할 수 있는 날은 수요일뿐이었다.

외롭긴 했지만, 이 분야를 공부하는 건 흥미로웠다. 나는 세계에서 가장 뛰어난 스승들의 가르침을 받았다. 도구만 있으면, 아주 작은 기어에서부터 최신 기술이 응집된 거대한 기계까지 못 만드는 게 없었다. 모든 게 기적 같아 보였다. 그 당시 독일은 수많은 사람들의 삶의 질을 끌어올릴 기술 혁명과 산업 혁명의 최전선에 있었고, 나 또한 그 선두에 있었다.

1938년 열여덟 번째 생일이 지난 직후에 마지막 시험을 치렀고, 나는 학교에서 그해 최고의 수습생으로 뽑혀 노동조합에 가입하라는 제안을 받았다. 당시 독일의 노동조합은 지금의 그것과는 달리, 근무 조건이나 보수를 협상하는 곳이 아니라 전문가로서 능력을 발휘하는 곳이었다. 그때는 업무 능력이 탁월한 사람만이 노동조합에 가입할 수 있었다.

그 분야 최고의 실력자들이 과학과 산업을 발전시키기 위해 노동조합에 가입해서 역량을 한곳에 모았다. 그곳에서는 계층과 정치 신념보다 일 자체에서 오는 명예를 더 중시했다. 내가 그토록 어린 나이에 노동조합에 가입한 것은 정말이지 대단한 영광이 아닐 수 없었다.

졸업식 날 나는 전교생 앞으로 나가, 정밀 기계공학 조합장이 수여하는 상을 받았다. 조합장은 정교한 레이스 칼라가 달린 전통적인 푸른 가운을 입고 있었다.

"오늘 우리는 발터 슐라이프를 독일 최고 조합의 일원으로 받아들입니다."

조합장이 선언했다. 나는 쏟아지는 눈물을 주체할 수가 없었다.

"무슨 일인가? 이렇게 좋은 날 눈물이라니! 자랑스러워해야지!"

조합장이 의아한 얼굴로 내 어깨를 흔들었다.

하지만 나는 슬픔을 가눌 수가 없었다. 부모님이 이 자리에 와서 내 모습을 보지 못한다는 게 견딜 수 없을 만큼 한탄스러웠다. 부모님이 나의 자랑스러운 모습을 직접 두 눈으로 봐주면 얼마나 좋았을까. 또한 조합장이 내가 불쌍한 고아, 발터 슐라이프가 아니라는 걸 안다면 얼마나 좋았을까. 나는 발터 슐라이프가 아니라 에디 제이쿼였고, 사랑하는 가족이 있었다. 그런 가족으로부터 멀리 떨어져 혼자 지내는 건 너무나 힘겹고 가슴 아픈 일이었다. 나는 이 시기에 익힌 지식을 무척 소중히 여긴다. 그러나 가족과 떨어져 보낸 시간은 언제나 한스럽기만 하다. 아버지는 입버릇처럼 늘 이런 말을 했다. 사람은 그 자체만으로 그 사람이 지닌 재산보다 귀한 존재라고. 아버지의 말처럼 이 세상에는 돈이 아무리 많아도 살 수 없는 게 많으며, 그중에는 감히 가치를 헤아릴 수 없을 만큼 소중한 것도 있다. 나에게 그것은 첫째도 가족, 둘째도 가족, 그리고 마지막 셋째도 가족이었다.

||||| **2장** |||||

나약함이
증오로 바뀌는 순간

❖

1938년 11월 9일, 젊은 시절 나는 최악의 실수를 저지르고 말았다.

학교를 졸업한 뒤에 정밀 의료기기를 제작하는 회사에 일자리를 얻어, 이후로 여러 달 동안 투틀링겐에서 지냈다. 그날은 부모님의 스무 번째 결혼기념일이었기 때문에 갑자기 찾아가서 두 분을 깜짝 놀라게 할 작정이었다. 나는 부모님께 알리지 않고 혼자 기차표를 산 뒤에 아홉 시간 동안 기차를 타고 내가 태어난 도시로 향했다. 차창 밖으로 독일의 산야가 줄지어 지나갔다. 학교에 틀어박혀 공부만 하느라 그

동안 신문을 보거나 라디오를 듣지도 못하고 지낸 게 화근이었다. 내가 그토록 사랑하는 조국에 지금 무슨 일이 벌어지고 있는지, 반유대주의의 시커먼 먹구름이 어떻게 독일 땅을 뒤덮고 있는지 나는 전혀 예상하지 못하고 있었다.

집에 도착해보니, 집은 캄캄한 채 문이 굳게 잠겨 있었다. 아무도 보이지 않았다. 내가 멀리 있으니 안전할 거라 여기고, 가족들 모두가 다른 곳에 몸을 숨긴 거라고는 상상조차 하지 못했다.

다행히 집 열쇠를 갖고 있었다. 그렇지 않았다면 길거리에서 잘 판이었다. 문을 열고 들어가자, 닥스훈트 룰루가 펄쩍펄쩍 뛰면서 내 다리를 핥으며 반갑게 맞아주었다. 룰루는 몹시 신나 했고 나 또한 그랬다. 가족들이 어디로 갔는지 걱정이 되긴 했지만 오랫동안 기차를 타고 왔던 나는 너무 피곤한 나머지 어린 시절에 쓰던 침대에 5년 만에 파묻혀 잠을 청했다. 그 포근한 잠자리에 누워 있는데 무슨 안 좋은 일이 벌어질 거라고는 짐작도 하지 못했다. 한참 자고 있는데 거리에서 아득하게 들려오는 소음에 잠에서 깨어났다. 무슨 일인지는 모르지만, 도시 맞은편 유대교 회당이 불타고 있었다. 피곤에 지쳐 있던 나는 결국 다시 잠에 빠져들었다.

그러다가 누군가 우리 집 대문을 발로 차는 소리에 잠에서 깨어나 보니 새벽 다섯 시였다. 나치군 열 명이 뛰어 들어와 나를 침대에서 끌어내리더니, 말 그대로 초죽음이 될 정도로 마구 때리기 시작했다. 잠옷은 이내 피범벅이 되었다. 한 명이 총검을 꺼내더니 내 잠옷 소매를 잘라내고 팔에 나치의 갈고리 십자 문양을 새기기 시작했다. 잠옷 소매를 막 잘라내려 할 때, 룰루가 그 군인에게 뛰어올랐다. 룰루가 그를 물었는지 위협만 했는지는 모르지만, 그는 내게서 손을 거두더니 소총 끝에 달린 총검으로 가엾은 룰루를 찔러 죽이고 말았다.

"아인 유덴 훈트!(Ein Juden Hund!)" 즉 "유대인의 개!"라고 고함치면서.

그 순간 나는 '에디, 오늘이 네 인생의 마지막 날이구나. 넌 오늘 죽는 거야'라는 생각밖에 들지 않았다.

그렇지만 나치군은 나를 무자비하게 때리고 굴욕감을 줬을 뿐, 그 자리에서 죽이지는 않았다. 그 대신 초죽음이 된 나를 거리로 끌고 나가 200년 된 우리 집이 파괴된 모습을 보게 했다. 우리 가족이 대대로 살던 집이 엉망이 된 광경을. 그 순간 나는 인간으로서의 존엄성과 자유 그리고 인간에 대한 신뢰를 잃어버렸다. 삶의 목적이 한순간에 모두 사라지고, 한 인간에서 아무것도 아닌 존재로 추락한 느낌이었다.

그날 밤은 악명 높은 '크리스탈나흐트^{Kristallnacht}', 즉 '수정의 밤'으로, 나치의 준군사 조직인 나치 돌격대가 유대인의 집과 상점 그리고 회당을 약탈하고 파괴한 뒤, 산산조각 난 파편이 거리에 어지럽게 흩어진 광경을 따서 이름 붙인 날이다. 독일 정부는 이런 폭력 사태를 막으려는 어떤 시도도 하지 않았다.

그날 밤, 문명인이었던 독일인들이 라이프치히 전역, 아니 전국에서 야만 행위를 저질렀다. 라이프치히에 있는 거의 모든 유대인의 집과 사업체가 파괴되고, 불에 타고, 허물어졌다. 유대인도 다를 바 없는 처지였다.

우리에게 등을 돌린 것은 나치군과 극우파 폭력배들만이 아니었다. 평범한 시민, 내가 태어나기 전부터 친구이자 이웃이었던 사람들이 끔찍한 폭력과 약탈에 가담했다. 군중들은 우리의 집과 재산을 파괴한 뒤에 어린이를 포함한 유대인들을 둥글게 에워싸고, 내가 어렸을 때 스케이트를 타던 강물 속으로 던져버렸다. 얼음은 얇고 물은 소스라치게 차가웠다. 나와 어린 시절을 함께 보냈던 사람들이 강둑에 떡

하니 서서, 차가운 강물에서 빠져나오려고 몸부림치는 유대인을 조롱하며 침을 뱉었다.

"총살시켜! 저 개같은 유대인 놈들을 총으로 갈겨버리라고!"

사람들이 고함을 쳐댔다.

이 독일인 친구들에게 대체 무슨 일이 일어난 걸까? 선량하던 사람들이 어떻게 살인자가 된 걸까? 어떻게 친구였던 사람이 하루아침에 원수가 되어 이토록 무서운 증오를 분출한단 말인가? 그토록 자랑스러웠던 나라, 내가 태어난 나라, 조상들이 살던 나라 독일은 대체 어디로 갔단 말인가? 친구이자 이웃이자 동료였던 사람들이 한순간에 우리를 불구대천의 원수로 대하다니, 나는 도무지 믿어지지 않았다. 우리의 고통을 한껏 즐기던 그들을 생각하면, 이렇게 묻고 싶어진다.

"대체 영혼이 있나요? 마음이라는 게 있긴 한가요?"

그것은 말 그대로 광기였다. 그렇지 않다면 문명사회에 사는 이들이 옳고 그름에 대한 분별력을 그렇게까지 철저하게 내던졌을 리 없다. 독일인들은 끔찍한 잔혹 행위를 저질렀다. 하지만 더 나쁜 것은 그것을 즐겼다는 사실이다. 그들은 자신들이 옳은 일을 하고 있다고 믿었다. 게다가 이 모든 분노와 폭력에 동의하지 않는 사람들도 광기에 휩싸인 사람들을 제지하려는 어떤 시도도 하지 않았다.

그때, 그 '수정의 밤'에 많은 사람들이 나서서 "그만둡시다! 지금 뭐 하는 겁니까? 왜들 이러는 겁니까?"라고 항의했다면, 역사의 물줄기는 다른 방향으로 흘러갔을지도 모른다. 하지만 아무도 그러지 않았다. 그들은 두려웠다. 그리고 나약했다. 나약했기 때문에 쉽사리 증오심에 휩싸였던 것이다. 그자들이 나를 트럭에 태워 어디론가 데려갈 때, 내 얼굴은 피와 눈물로 뒤범벅되어 있었다. 나는 독일인이라는 사실이 더 이상 자랑스럽지 않았다. 그리고 그 후로도 다시는 그렇게 느낀 적이 없다.

3장

오늘을 견디면 내일이 온다,
한 번에 한 걸음씩만 나아가라

트럭에 실려 끌려간 곳은 동물원이었다. 나는 그곳에서 다른 유대인 청년들과 어떤 격납고에 갇혀 있었다. 격납고 안에는 이미 서른 명 정도 되는 사람들이 있었다. 나치 폭력배들은 밤새 더 많은 사람들을 끌고 왔고, 백오십 명이 되자 우리를 다른 트럭에 태웠다. 트럭에 실려 가면서, 잡혀온 다른 사람들로부터 '크리스탈나흐트'에 대한 이야기를 들었다. 나치가 유대교 회당에 불을 지르고 야만적인 약탈을 벌였다는 말에 나는 경악했고, 두려움에 몸서리쳤으며, 가족들이 어떻게 됐는지 너무나 걱정이 되었다. 그 당시에는 우리 중 어느 누구도 이것이 악몽의 시작에 불과하다는 사실을 예상하지 못했다.

우리는 곧 라이프치히를 벗어나 부헨발트 강제 수용소 Buchenwald Concentration Camp, 독일 바이마르 지역에 있던 수용소로 이십오만 명이 이곳을 거쳤고 최소 오만 육천 명이 죽었다 - 옮긴이에 들어가게 되었고, 그 이후에는 훨씬 더 끔찍한 일들이 벌어졌다. 그곳에 도착했을 때 나는 온몸이 피투성이에 멍까지 들어 있었다. 소장은 나를 보고 당황하더니 간수들을 시켜 38킬로미터 떨어진 인근 병원으로 이송시켰다. 나는 간수의 감시도 없이 이틀 동안 입원해 있었고, 독일인 간호사의 보살핌을 받으며 상처를 회복했다. 내가 한 간호사에게 만일 여기서 탈출하면 어떻게 되느냐고 물었더니, 그 간호사는 안됐다는 듯 나를 쳐다보며 이렇게 물었다.

"부모님이 계세요?"

"물론이죠."

"탈출을 시도했다가는, 이곳을 떠난 지 15분 만에 부모님을 찾아내서 교수대에 매달 거예요."

이 말을 듣자 탈출에 대한 생각은 말끔히 사라졌다. 나는 부모님의 안부가 궁금해졌다. 나치군이 들이닥치기 전에 라이프치히에서 도망친 걸까? 친구나 친척 집에 안전하게 있는 걸까? 아니면 나치군이 이미 부모님을 잡아간 걸까? 독일 어딘가에 붙잡혀 있는 건 아닐까? 도무지 상황을 알 수 없었고, 부모님에 대한 걱정과 두려움으로 눈앞에 간수가 있는 것처럼 행동할 수밖에 없었다. 심한 상처가 어느 정도 회복되자, 병원 측에서 부헨발트 수용소로 전화를 걸었고, 나치 간수들이 다시 나를 데리러 왔다.

부헨발트로 돌아가고 나니, 처음에는 마음이 놓였다. 나는 몸 상태를 계속 점검받았고 대부분 교양 있는 중산층에 전문직 종사자인 다른 독일인들과 함께 수용되어 있었다. 같은 수감자 몇 명과는 친구가 되기까지 했다. 가장 가깝게 지낸 친구는 크리스탈나흐트 때 베를린에서 체포된, 쿠르트 히르슈펠트라는 젊은 유대계 독일인이었다. 사람들과 친해져서 같이 잘 지내다 보니 왠지 괜찮을 것만 같았다. 지금 생각해보면 얼마나 순진한 판단이었는지 모른다.

부헨발트는 독일에서 가장 규모가 큰 강제 수용소로, 인근 너도밤나무 숲의 이름을 붙인 곳이다. 그렇지만 고문당하는 수감자들이 지르는 비명 때문에 '노래하는 숲'으로 악명이 높았다.

이곳에 처음 수감된 사람들은 1937년 나치의 첫 제거 대상이었던 공산주의자들이었다. 나치가 인간 이하의 존재로 간주한 다른 부류인 정치범, 슬라브족, 프리메이슨 단원이 차례대로 들어왔고 유대인이 그 뒤를 이었다.

처음 도착했을 때, 수용소에는 공동 숙소도 막사도 없었다. 많은 인원의 수감자를 감당할 준비가 전혀 되어 있지 않았던 것이다. 나치 간수들은 우리를 거대한 천막 안으로 몰아넣었고, 숙소를 다 지을 때까지 맨바닥에서 재웠다. 체코인 천이백 명이 말 팔십 마리가 넉넉히 쓰던 마구간에 수용된 적도 있었다. 이들은 한 침상에 다섯 명씩 잤는데, 서로 밀어붙여 자다 보니 사람들이 마치 캔에 든 정어리 같았다. 너무도 열악한 환경이어서 각종 질병과 굶주림을 피할 수는 없었다.

독일 제3제국^{1933년에서 1945년까지 히틀러가 권력을 장악한 시기의 독일 제국 – 옮긴이}의 강제 수용소에서 벌어진 참상은 역사에 기록되어 있다. 특히 굶주리고 고문을 당해 정신적으로 충격을 입은 유대인의 모습은 여러 기록 사진으로도 널리 알려져 있다. 하지만 처음 그곳에 도착했을 때 우리 모두는 이런 일을 전혀 예상하지 못했다.

처음에 수감자들은 어떻게 대처해야 하는지 전혀 감을 잡지 못했다. 누가 감히 상상이나 할 수 있었겠는가?

도대체 우리가 왜 이곳에 끌려와 있는지조차 이해할 수 없었다. 우리는 범죄자가 아니었다. 직업이 있고, 가족과 조국을 사랑하며, 반려동물을 기르고, 열심히 일하는 평범한 독일인, 아니 훌륭한 시민들이었다. 우리는 스스로에게 자부심을 갖고 있었으며, 음악과 문학을 사랑하고, 하루 세 번의 식사에 와인과 맥주를 즐기며 살았던 사람들일 뿐이었다. 그러나 이제 끼니는 묽은 수프에 밥 한 공기가 전부였다. 주요 정치범들은 발목에서 손목까지 연결된 무거운 쇠사슬을 달고 있었다. 쇠사슬이 너무 짧고 무거워 밥을 먹는 동안 똑바로 서지도 못한 채 그릇 위로 몸을 엉거주춤 구부려야 했다. 게다가 우리는 수저도 없이 손으로 먹어야 했다. 비위생적이지 않은 환경이라면 그렇게 끔찍한 일이 아닐 수도 있었다. 하지만 그곳에는 화장지도 없었고, 그래서 일을 보고 나면 무엇이든 눈에 띄는 누더기나, 그것마저 없으면 손으로 직접 닦아야 했다. 제대로 된 변기조차 없었다. 대신 도랑같이 길게 판 거대한 구덩이가 화장실이었고, 그것도 스물다섯 명 정도가 동시에 일을 봐야 했다. 어떤 광경일지 상상할 수 있겠는가? 의사, 변호사, 교수였던 스물다섯 사람이 긴 나무 널빤지 두 개 위에서 조심조심 몸의 균형을 잡으며 인분이 가득한 구덩이 위에서 일을 보는 모습을.

친구여, 이 모든 것이 얼마나 비현실적이고 또 얼마나 참혹했는지 내가 어떤 말로 설명할 수 있겠는가? 대체 무슨 일이 벌어진 건지 영문을 알 수가 없었다. 솔직히 아직도 완전히 납득할 수는 없다. 아니, 앞으로도 영원히 그럴 것이다.

우리는 법이 다른 모든 것 위에 있다는 것을 자랑스러워하던 나라의 국민이었다. 거리가 지저분해질까 봐 쓰레기도 함부로 버리지 않던 나라였다. 차창 밖으로 담배꽁초 한 개만 버려도 벌금 200마르크를 내야 하는 나라였다. 그런데 이제 사람들이 멀쩡한 이웃들을 데려다 가두고 마구 때려도 괜찮을 뿐 아니라, 그런 행위를 장려하기까지 했다.

우리는 아주 사소한 걸 어겨도 심하게 구타당했다. 어느 날 아침, 인원 점검을 알리는 종소리를 듣지 못하고 자다 회초리로 심하게 맞기도 했다. 윗옷을 바지 안에 집어넣지 않았다는 이유로 고무 순찰봉으로 가차 없이 구타당한 적도 있다.

매일 아침, 나치는 잔혹한 게임을 벌이곤 했다. 그자들은 문을 열고, 이삼백 명 정도를 밖으로 나오게 했다. 가련한 이들이 30~40미터 정도로 줄지어 서면, 기관총으로 사람들을 마구 쏘아 죽였다. 그러고는 죽은 이들의 옷을 벗긴 후 시체 운반용 부대에 넣은 다음 집으로 보냈다. '당신의 남편, 형제, 아들이 탈출하다 총에 맞아 사망했습니다'라고 쓰인 문서와 함께. 등에 박힌 총알이 증거였다. 짐승 같은 이자들은 부헨발트 수용소의 인구 과잉 문제를 이런 식으로 해결했다.

오토 폰 비스마르크Otto von Bismarck가 통일 독일의 초대 수상이 되었을 때, 독일 국민을 조심하라고 전 세계에 경고한 일이 있다. 훌륭한 지도자를 둔 독일은 위대한 나라였다. 그러나 악한 지도자를 둔 독일 국민은 괴물이 되어버렸다. 우리를 박해한 나치 간수들은 수용소 규율을 일반 상식보다 중시했다. 행군하라는 지시를 들으면 행군하고 사람 등에 총을 쏘라는 말을 들으면 총을 쐈다. 그자들은 자신이 하는 일이 옳은지 그른지에 대해 어떤 의문도 품지 않은 채 자신들의 논리를 종교화했고, 그 결과 살인자 집단이 되어 버렸다.

많은 수감자들이 부헨발트에서 사느니 차라리 죽는 게 낫다는 결론에 이르기까지 그리 오랜 시간이 걸리지 않았다.

치과 의사였던 코헨은 나치군에게 너무 심하게 맞아서 장이 파열되었고, 서서히 고통스러운 죽음을 맞이하고 있었다. 그는 당시 일주일치 임금에 해당하는 50마르크를 주고 수용소에서 몰래 거래되던 면도칼을 샀다. 과학자인 그는 어떤 동맥을 끊어야 하고, 죽기까지 시간이 얼마나 걸릴지를 주도면밀하게 계산했다. 그는 나무 널빤지 변기에, 정확히 그 한가운데에 앉았다. 그의 설명에 의하면, 피를 많이 흘려 숨이 멎으려면 나치 간수가 들어오기 전까지 17분이 필요했다. 17분이 지나면 코헨은 나무 널빤지 사이로 떨어질 테고, 그러면 간수들이 그의 몸을 끌어내어 인분을 씻어낸 뒤, 상처를 꿰매고 혼을 내며 "네놈은 우리가 허락할 때 죽어야지, 그전엔 절대 안 돼"라며 학대할 수조차 없게 될 거라고 했다. 가엾은 코헨은 암울하기 짝이 없는 이 임무를 성공시켜, 자기만의 방식으로 부헨발트 수용소를 벗어났다.

———

1938년 당시 독일에서는 이런 말도 안 되는 일이 날마다 벌어졌다. 완전히 다른 나라가 되어, 도덕도, 예의도, 인간의 존엄성도 찾아볼 수 없었다. 그러나 모든 독일인이 이성을 잃은 것은 아니었다. 어느 날, 부헨발트에서 나는 낯익은 얼굴 하나를 발견했다. 그는 기계공학을 공부할 때 기숙사에서 알게 된 친구였는데 이름은 헬무트 호어였고, 내가 발터 슐라이프라는 가명으로 지내던 시절에 늘 내게 친절했다.

"발터! 여기서 뭐 하는 거야?"

헬무트는 내 얼굴을 알아보고는 놀라서 물었다.

"난 사실 발터가 아냐. 에디야."

나는 이렇게 말하면서 헬무트의 신발에 침을 뱉었다. 그리고 내가 얼마나 큰 충격을 받았는지, 내가 진짜 누구인지 털어놓았다. 한때 친구였던 사람, 나에게 언제나 다정했던 사람이 이제 나치 친위대의 간수가 되어서 내 앞에 서 있다니 나는 도저히 믿어지지가 않았다.

가엾은 헬무트. 그는 내가 유대인이라는 것을 알지 못했다. 나는 그토록 당황하고 혼란스러워하는 사람을 한 번도 본 적이 없다. 헬무트는 나를 도와주고 싶다고, 할 수 있는 것은 뭐든 해주겠노라고, 하지만 탈출시키는 건 불가능하다고 말했다. 그는 수용소 소장에게 내가 좋은 사람이며 탁월한 기계공이라고 말했다. 그 당시 나치에게는 기계공이 꼭 필요했기 때문이다.

독일 제3제국은 전 세계를 상대로 전면전을 준비하고 있었다. 전면전을 치르려면 군인과 민간인, 범죄자와 일반인, 군대와 산업체가 별개일 수 없었다. 전쟁 무기를 만든다는 큰 목적을 중심으로 독일 사회는 철저히 재정비되고 있었다. 이런 시기에 기계나 제조 분야 전문가는 국가에 꼭 필요한 잠재적 자산이나 다름없었다. 헬무트가 나에 대한 보고를 하고 나서 얼마 뒤, 소장실에서 나를 불렀다. 소장이 자기들을 위해 일하겠느냐고 물었다.

"네, 일하겠습니다."

"남은 평생 동안?"

"네, 그렇습니다."

나에게 다른 선택의 여지는 없었다. 대답하는 데 돈이 드는 것도 아니었다. 나치 친위대는 전쟁에 이용 가치가 있다면 비록 유대인일지라도 철저하게 써먹으려고 들었다. 당시 독일 제3제국에는 돈과 생산성이 부족했고, 이는 증오의 광기보다 훨씬 더 현실적이고 심각한 문제였기 때문이다. 그들은 앞으로 나를 잘 돌봐줄 것이며, 식사를 제공하고, 수용소에 있는 동안 편하게 해주겠다는 내용의 문서와 근로 계약서에 서명하게 했다. 그런 다음 나를 다른 곳으로 이송하겠다고 약속했다. 이 거래의 일환으로 아버지가 부헨발트로 와서 나를 집으로 데려가, 어머니와 몇 시간 동안 함께 있게 해주겠다고 약속했다. 그 이후에는 죽는 날까지 일할 공장으로 꼼짝없이 끌려가야 했다. 크리스탈나흐트 이후에 아버지와 가족들은 라이프치히로 돌아와 세상이 잠잠해지기를 바라고 있었다. 가족들은 독일을 떠나려고 했지만, 나를 두고 갈 수 없어서 기다리고 있는 중이었다.

아버지는 내 소식에 무척 기뻐했고, 이번 일을 기회 삼아 나를 탈출시키려고 했다. 1939년 5월 2일 아침 7시, 아버지가 빌린 차로 나를 데리러 왔다. 부헨발트 수용소에 들어온 지 여섯 달 만에 나는 이렇게 그곳을 벗어났다.

친구여, 그곳을 떠나게 되어 얼마나 행복했는지 상상할 수 있겠는가? 아버지가 부헨발트 수용소 문 앞까지 차를 몰고 와 나를 안아주던 순간의 느낌을? 자동차 조수석에 올라타 자유를 향해 달리던 기분을? 핍박이 끝나고 마침내 자유를 얻은 느낌. 바로 천국을 달리는 느낌이었다. 나는 그 후로도 힘든 순간마다 이때의 감정을 자주 떠올리곤 했다. 그러면서 하루 더, 한 시간 더, 아니 1분만 더 버틴다면, 고통이 끝나고 내일이 올 거라고 자꾸 되뇌곤 했다.

4장

친절은 어디서나 만날 수 있다, 낯선 이들에게서도

❖

나는 데사우_{Dessau, 독일 작센안할트주 엘베강과 물데강이 만나는 지점에 위치해 있는 도시-옮긴이}의 비행기 제조 공장에 기계공으로 징발된 상태였고, 아버지는 그 공장으로 나를 데려다줘야 했다. 하지만 우리는 곧장 차를 돌려 국경을 향해 달렸다. 독일을 탈출할 절호의 기회를 놓칠 수는 없었다. 아직 라이프치히에 있는 어머니와 동생도 뒤따라와, 온 가족이 벨기에에서 다시 모일 계획이었다.

우리는 짐 가방도, 수중에 돈도 거의 없이 출발했다. 독일군이 차를 수색해서 짐을 찾아내면 오히려 위험해질 것 같왔기 때문이다. 우리는 아헨 Aachen, 벨기에 및 네덜란드와 국경을 맞대고 있는, 독일에서 가장 서쪽에 위치한 온천도시 – 옮긴이 이라는 국경 마을을 향해 차를 몰았고, 돈을 받고 우리를 벨기에로 탈출시켜 줄 밀입국 알선책과 그곳의 한 식당에서 만났다. 그러고는 빌린 차를 버려둔 채, 탈출을 모의한 다른 몇 사람과 함께 밀입국 알선책이 모는 차에 올랐다. 그는 국경 주변의 인적 없고 외진 곳으로 가기 위해 컴컴한 숲속 도로로 밤새 차를 몰았다. 우리는 벨기에로 탈출하기 위해 먼저 네덜란드로 갔고, 거기서 다른 탈출자 일곱 명과 합류한 다음 어둠을 틈타 도로 한쪽 아래에 숨어 있었다. 그날 본 도로는 선진 유럽의 문물답게 널찍하고 반듯하게 닦여 있었고, 도로 1.5미터 아래에는 배수로가 잘 건설되어 있었다.

우리는 배수로 안으로 몸을 숨긴 채 달려 나갈 기회를 기다렸다. 밀입국 알선책이 탐조등을 뒤에 실은 트럭이 곧 지나갈 거라고 알려주었다. 트럭이 지나가기를 기다렸다 탐조등 불빛이 다시 비추기 전에 온 힘을 다해 국경 쪽으로 달려 나가야 했다. 일단 국경을 넘고 나서, 네덜란드 안쪽으로 10킬로미터 정도를 가능한 한 신속하게 이동해야 했다. 그러고 나면 나치가 우리를 체포할 법적 권한이 없는 벨기에에

영토였다. 네덜란드로 도망친 많은 유대인이 나중에 독일로 다시 끌려갔지만, 벨기에에서는 박해가 점점 심해지는 독일에서 탈출하는 사람들을 더 많이 받아들이고 있었다.

나는 탈출에 성공하지 못할까 봐 불안한 나머지 진땀까지 흘렸지만, 아버지는 침착했다. 아버지는 가까이 있으라고, 문제가 생기면 날 붙잡겠다고 말했다. 이제 곧 칠흑 같은 어둠 속에서 트럭이 덜커덩거리는 커다란 소음을 내며 나타날 순간이었다. 환한 불빛에 눈이 부셔 앞이 잘 보이지 않았지만, 누군가 뒤에서 내 허리띠를 꽉 움켜잡는 느낌이 들었다. 정신없이 달리다 나를 잃어버릴까 봐 염려하는 아버지의 손길 같았다. 나는 숨죽이고 기다리다 트럭이 지나간 바로 그 순간 일행을 따라 뛰기 시작했고, 탐조등 불빛이 다시 우리를 비추기 직전에 벨기에 쪽 도로의 배수구에 안전하게 도착했다. 그 순간 놀랍게도 허리띠를 잡았던 사람이 아버지가 아니라 일행 중 한 여성이라는 것을 알게 되었다. 아버지는 더 뒤쪽에 있었다. 배수로에서 도로로 올라오는 여성을 돕느라 절반 정도밖에 오지 못한 상황에서 탐조등 불빛에 발각된 것이다. 아버지는 네덜란드로 돌아갈지 아니면 위험을 무릅쓰고 벨기에 쪽으로 달려 이미 도망친 우리 일행까지 위험에 빠트릴지를 그야말로 찰나의 순간에 결정해야 했다. 아버지는 되돌아가는 용감한 선택을 했고, 곧이어 네덜란드 쪽으로 자취를 감추고 말았다.

너무나 걱정되었지만 달리 선택의 여지가 없었다. 계속 움직여야 했다. 만약 헤어질 경우 벨기에의 작은 마을인 베르비에Verviers, 벨기에 동부 리에주주에 있는 도시 - 옮긴이의 한 호텔에서 만나기로 되어 있었다. 나는 그 호텔에 방을 잡고 초조하게 아버지를 기다렸고, 하루 밤과 하루 낮의 시간이 지난 뒤에 심하게 부상당한 아버지와 만날 수 있었다.

아버지는 국경을 다시 넘다 벨기에 헌병대에 체포되어 심하게 맞았다. 아버지에겐 돈이 거의 없었고, 그래서 제발 놓아달라며 백금 커프스단추를 내주었다. 헌병대 간부는 커프스단추를 살펴보더니 백금이 아니라 도금한 거라며 아버지를 게슈타포Gestapo, 나치 정권의 비밀 국가 경찰 - 옮긴이에게 넘겼다. 아버지는 감금되었다 수용소로 가는 열차에 강제로 태워졌지만, 비상 브레이크를 당겨 열차를 멈춰 세우고 도망쳤다고 했다. 그날 밤 국경을 넘는 데 성공했고, 우리가 약속한 호텔에서 만날 수 있었던 것이다.

아버지가 브뤼셀Brussel, 벨기에의 수도 - 옮긴이 중심부에 아파트를 빌려둔 터라, 이튿날 아침 우리는 그곳으로 갔다. 어머니, 여동생과 함께 지낼 수 있도록 방이 여러 개 있는, 아주 좋은 아파트였다. 하지만 어머니와 여동생은 나타나지 않았다. 우리가 넘은 국경을 함께 넘기로 되어 있었지만, 중간에 체포되어 라이프치히 감옥에 갇혔던 것이다. 두 사람과 통화하려고 전화를 걸었더니 게슈타포 장교가 전화를 받았다. 그자들은 당장 돌아오지 않으면 어머니를 죽여버리겠다고 나를 협박했다.

어떻게 해야 한단 말인가? 어떻게 어머니를 그곳에 둔단 말인가? 어떻게 어머니를 그런 위험한 상황에 버려둘 수 있단 말인가? 나는 1분만 어머니와 통화하게 해달라고 간청했고, 드디어 어머니의 목소리를 들을 수 있었다.

"오지 마! 함정이야! 이 사람들이 널 죽일 거야!"

어머니는 전화를 받자마자 울부짖듯 이렇게 외쳤고, 곧 전화가 끊겼다.

나는 그 게슈타포 장교가 전화기를 빼앗아 그것으로 가련한 어머니의 얼굴을 세게 후려쳤다는 이야기를 한참 뒤에야 들었다. 어머니의 광대뼈는 박살이 났고, 아무리 해도 예전 상태로 회복되지 않아 여생 동안 분노를 삼키며 살아야 했다.

움푹 들어간 광대뼈를 파스로 가린 채.

내가 얼마나 소름끼치는 공포를 느꼈는지 상상할 수 있겠는가? 나는 극심한 분노와 두려움에 사로잡혀 그길로 독일로 돌아가려 했다. 어머니의 고통을 두고 볼 수는 없다고 고집을 부렸다. 하지만 아버지가 내 앞을 막아섰고, 우리는 이 문제로 심하게 다퉜다. 아버지는 지금 찾아가봤자 같이 죽게 될 뿐이라고 나를 설득했다.

"에디, 가면 안 돼! 너까지 잃을 순 없다."

아버지가 흐느끼며 애원했다.

어머니는 감옥에 석 달간 갇혀 있다 결국 여동생과 가까스로 풀려났다. 감옥에서 나오자마자 어머니와 여동생은 아헨으로 가는 기차를 탔고, 벨기에 국경으로 가서 아버지와 나를 데리고 국경을 건넜던 밀입국 알선책과 만났다. 우리 가족은 브뤼셀에서 다시 만날 계획이었다. 그러나 어머니와 동생이 도착할 즈음 나는 이미 그곳에 없었다.

이 주일.

　나는 딱 이 주일 동안 자유를 누린 뒤 벨기에 헌병대에 체포되었다. 이번에는 유대인이라서가 아니라 불법으로 국경을 넘은 독일인이라는 죄목이었다. 어처구니가 없었다. 독일에서는 독일인이 아니라 유대인이고, 벨기에에서는 유대인이 아니라 독일인이라니. 이러지도 저러지도 못하는 상황이었다. 나는 체포되어 다른 독일인 사천 명과 함께 에그자르드Exarde 난민 수용소에 수용되었다.

　이번에는 주변에 온통 독일인뿐이었다. 사회주의자, 공산주의자, 동성연애자, 장애인 등 대부분 히틀러 치하의 독일을 떠난 망명자였다.

　여건이 좋지는 않았지만, 부헨발트 수용소에서 워낙 야만적이고 가학적인 핍박을 받아서 그런지 오히려 문명화된 곳이라는 느낌을 받았다. 어느 정도 자유도 있어서 제시간에 돌아오기만 하면, 10킬로미터 정도까지는 돌아다닐 수도 있었다. 각자 혼자 쓰는 침상도 있었고, 하루 세끼 식사가 제공되었으며, 매일 아침으로 마멀레이드나 꿀을 곁들인 빵과 마가린이 나왔다. 벨기에 정부는 우리를 잘 먹였고, 그래서 지낼 만했다. 그럼에도 가족들과 연락할 수 없어서 너무 고통스러웠다. 가족들은 벨기에에 있었지만, 벨기에 당국에 가족의 위치를 노출하지 않고는 연락할 방법이 없었다. 나는 벨기에 정부에 내 입장을 알리는 탄원서를 제출했다.

'독일인이라는 이유로 수용소에 억류된 이유를 납득할 수 없습니다. 저는 나치에 동조하지 않았습니다. 협력한 적도 없습니다. 저는 기계공학 전문가입니다. 저에게 프랑스어를 완벽하게 익힐 기회를 허락해주신다면, 귀국의 젊은이들에게 기계공학을 가르치겠습니다.'

벨기에 당국은 나의 제안을 받아들여, 매일 겐트^{Gent}로 가는 기차를 탈 수 있게 신분증을 발급해주었다. 겐트는 수용소에서 20킬로미터 정도 떨어져 있는, 벨기에 플랑드르 지역의 아름답고 고풍스러운 도시로, 그곳에 가려면 특별 허가를 받아야 했다. 나는 매일 아침 일곱 시에 경찰서까지 걸어가 신분증에 도장을 받은 다음, 학생들을 가르칠 대학으로 갔다. 나는 그 대학 기계공학부 강사로 일했다. 그곳에서 플라망어^{Flemish, 벨기에 북부 지역에서 사용하는 네덜란드어 - 옮긴이}를 배웠고,

프랑스어 공부도 충분히 할 수 있었다. 또 대학에서 만난 많은 사람들과 좋은 친구가 되었다.

수용소의 동료 수감자들과도 가깝게 지냈다. 그뿐만이 아니었다. 믿기 힘들었지만, 나는 그곳에서 부헨발트 수용소에서 친구가 된 쿠르트를 다시 만났다! 이 친구는 수용소에서 탈출해서 브뤼셀까지 도망쳤다가 결국 난민으로 체포되었다고 했다. 쿠르트는 일을 하지 않았고, 우리는 매일 밤 만나 시간을 함께 보냈다. 프리츠 로벤스타인이라는 다른 유대인과도 친구가 되었는데, 손재주 뛰어난 가구공인 그는 내가 처한 상황과 공부했던 지식을 최대한 활용해야 한다고 조언해주었다.

———

우리는 그 난민 수용소에서 1년 가까이 그런대로 잘 지냈다. 하지만 1940년 5월 10일 독일이 벨기에를 침공하면서 그곳에 난민으로 있는 것도 더 이상 안전하지 않은 상황이 되고 말았다. 수용소에 감금된 사람들 중에는 나치당이 권력을 잡는 것에 반대해 정치적으로 망명한 독일의 고위 정치인도 많았다. 이들은 제3제국이 몰락한 뒤에 고국으로 돌아가 땅에 떨어진 독일 민주주의를 재건하겠다는 꿈을 품고 있었다. 매우 친절하고 똑똑한 아르투어 브라투라는 사람도 이런 경우에 속했는데, 그는 히틀러 등장 이전인 바이마르 공화국 시절 독일 사회민주당 소속 정치인이었다.

브라투는 경외심을 불러일으키는 지도자로, 매우 침착했으며 정치 망명자 신세였지만 언젠가 독일로 돌아가 사람들을 제정신으로 돌려놓겠다는 열정적인 희망을 품고 있었다. 나는 상황이 어떻게 돌아가든 이 사람을 따라야겠다고 다짐했다. 브라투는 결국 살아남았다.

수용소 측에서는 우리를 영국으로 대피시킬 계획을 세웠다. 오스텐더 Oostende, 벨기에 플랑드르 지역 서플랑드르주의 해안 도시 – 옮긴이라는 벨기에 항구에서 난민선에 태워 이송할 예정이었다. 그러나 불행히도 이 대피 계획 책임자인 벨기에 장교가 나치의 부역자였고, 우리를 나치 수중에 넘겨주고 싶어 했다. 그 장교는 우리가 오스텐더에 도착할 무렵, 우리를 태우지 않은 채 배를 출항시킬 계략을 꾸몄다. 그때 우리의 지도자가 된 브라투는 예기치 못한 상황에 어쩔 줄 몰라 하다, 50킬로미터 떨어진 됭케르크 Dunkirk, 프랑스 북부 해안 도시로 2차 세계대전 때 연합군을 대피시킨 됭케르크 철수 작전으로 유명하다 - 옮긴이로 가자고 제안했다. 프랑스 북부 항구 도시인 됭케르크에는 배가 많이 있을 테고, 어쩌면 유럽 본토를 벗어날 방안을 찾을 수 있을지도 모른다고 판단한 것이다.

우리는 살길이 있을지도 모른다는 희망을 품고 프랑스 해안을 따라 걷기 시작했다. 됭케르크까지는 열 시간 정도 걸릴 예정이었다. 우리가 걷는 동안 독일군은 프랑스와 벨기에를 가로질러 대규모로 이동 중이었다. 그런데 독일 기갑 부대가 탱크를 앞세워 이 주일 이상 공격을 퍼붓자 연합군은 궁지에 몰렸고, 결국 후퇴하고 있었다. 우리는 그렇게 전설적인 됭케르크 철수 작전이 벌어지는 현장 한복판에 도착했다. 독일군은 '블리츠크리그'blitzkrieg, 가공할 만한 파괴력을 한곳에 집중해 단기간에 승부를 내는 전격전 - 옮긴이라는 기습 작전으로 연합군의 군사 저항을 괴멸시켰고, 이제 연합군은 됭케르크 해변에 포위된 채 민간 함대의 구조만을 기다리고 있었다.

연합군 수천 명이 땅에 쓰러져 죽어 있었고, 사방에 총소리와 폭음이 울려 퍼졌다. 소수의 연합군 몇몇이 작은 배 한 척씩에 올라타 느릿느릿 대피하는 동안, 일부 연합군은 소형 무기로 독일군의 공격을 막고 있었다.

해변에 있는 군인들을 대피시킬 수 있는 시간은 열두 시간뿐이었고, 죽은 자들은 남겨두고 떠나야 하는 절박한 상황이었다. 이런 와중에 누더기를 걸친, 열 명 남짓한 우리 일행이 배에 태워달라고 애원했지만, 선장은 단호했다.

"영국 군인들만 태울 수 있습니다. 미안합니다."

선장은 이렇게 우리의 애원을 거절했다.

이때 프리츠가 기발한 생각을 해냈다. 그는 자신과 몸집이 비슷한 가련한 영국 군인의 시신을 찾아내 군복을 벗겼고, 그 군복을 입고 영국 장교들 앞을 슬쩍 통과해 무사히 배에 오르는 데 성공했다. 나도 프리츠처럼 할 작정이었다. 어느 젊은 영국 군인이 총에 맞아 통나무 위에서 죽어 있었다. 마음이 너무 불편했지만, 그 군인이 입고 있던 군복의 윗옷 단추를 풀었다. 바지를 벗기려다 총알이 배를 관통한 상처가 눈에 들어왔고, 그러자 차마 손이 움직이지 않았다. 이 가련한 청년의 옷을 벗겨 내가 입을 수는 없었다. 수완이 좋고 순간적인 기지를 발휘하는 것과, 목숨을 잃은 불쌍한 군인의 존엄을 훔치는 것은 전혀 다른 일이었다. 그것은 전쟁도 빼앗지 못한, 그 군인의 마지막 남은 존엄이었다.

우리는 독일군과 연합군 사이에 끼여 꼼짝도 할 수 없었다. 대포가 점점 더 가까이에서 불을 내뿜고, 머리 위에서는 독일 폭격기가 굉음을 쏟아냈다. 이렇듯 혼란스러운 상황, 아수라장의 한복판에서 나는 어느 순간 일행을 잃어버린 채 혼자가 되었고, 결국 프랑스 남부까지 혼자 걸어가기로 했다. 그곳에 가면 탈출할 수 있는 다른 방법을 찾을 수 있을 것 같았다.

프랑스까지 이어질 것 같은 길고 긴 피난민 대열에 나는 합류하게 됐고, 끝없이 먼 길을 걷기 시작했다. 그때부터 나는 두 달 반 동안 해가 뜰 때부터 질 때까지 걸었다. 큰길을 피해 작은 마을로만 다니느라 시간이 오래 걸린 것이다. 하지만 이렇게 다녀야만 탈출한 수감자를 찾아다니는 나치군이나 친위대와 맞닥뜨릴 확률이 적었다.

프랑스의 작은 마을을 지날 때, 낯선 사람들이 얼마나 많은 친절을 베풀었는지 이야기해야겠다. 나는 가정집 문간이나 공공장소의 후미진 곳 등 아무 데서나 잠을 잤고, 새벽에 깨서 다시 걷기 시작했다. 이런 방법으로 겨우 나치의 감시망을 피해 다녔다. 그때 나치는 프랑스 전역에서도 권력을 잡은 상태였고, 나치 부역자들이 그들에게 긴밀히 협조하고 있었다. 날이 채 밝기도 전에 걷기 시작하는 날도 많았지만, 마을 사람들은 나를 보면 프랑스어로 "뭘 좀 드셨나요? 배고프시죠?"라고 물었다. 그러고는 아침을 나눠주곤 했다. 자신들이 먹을 음식조차 별로 없는 사람들도 있었고, 전쟁의 여파로 이미 생계가 어려워진 가난한 농부도 있었지만, 그들은 자신이 가진 것을 기꺼이 내어주었다. 처음 보는 낯선 사람이자 유대인인 나에게 말이다. 나를 도와주면 목숨이 위태로워질 수도 있는 상황이었지만, 개의치 않고 도와준 사람들이 정말 많았다.

마을 사람들은 배를 곯으면서도 자기 몫의 빵을 잘라 나눠주었다. 한 번도 먹을 것을 구걸하거나 살기 위해 훔칠 필요가 없었다. 전쟁이 끝난 뒤에 유대인과 박해받는 다른 소수자를 숨겨주고 보호하는 데 가장 앞장선 사람들은 유럽 모든 나라 사람 중 단연코 프랑스인이 가장 많았다는 사실이 밝혀졌다.

리옹Lyon. 프랑스 중남부에 있는 도시 - 옮긴이에서는 피난민들이 너무 많아 길이 꽉 막혀버렸고 더 이상 앞으로 나갈 수 없었다. 그 무렵 제대로 먹지 못한데다 지칠 대로 지친 나는 급속도로 쇠약해졌고 온몸이 아팠다. 나는 이따금씩 공중화장실로 가서 몸을 간단히 씻곤 했다. 당시 내가 지나던 지역에는 유료 화장실이 있었는데 돈을 내면 관리인이 외투를 받아주고 수건을 건네주었다. 내가 1프랑을 내자, 화장실 관리인이 내 외투를 받아주고 눈부시게 깨끗한 화장실 문을 열어주었다. 그런데 막 변기에 앉는 순간, 사람들이 마구 발길질하는 소리가 들리더니 화장실 문이 다시 열렸다. 어떤 여성들이 바지도 채 올리지 못한 나를 변기에서 끌어내면서 "이 낙하산 부대원놈아!" 하면서 발로 차고 침을 뱉었다.

당시 독일군은 낙하산을 통해 유럽 전역에 스파이를 침투시켰다. 이들은 무전기를 찬 채 낙하산을 타고 적의 후방에 내리는 폭파범이었는데 폭파 대상은 무전기로 전달받았다. 관리인 여성이 내 외투를 걸며 주머니를 뒤지다 독일 여권을 발견했고, 나를 후방에서 파괴 공작을 벌이는 독일군 스파이로 착각한 것이다. 운수 사나운 날이었다. 마침 그곳을 지나던 프랑스 경찰이 무슨 소란이 벌어지고 있는지 확인하러 왔고, 나는 또다시 체포되었다. 이번에는 유대인이 아니라 독일인이어서.

이후 나는 프랑스 남서부, 포^{Pau, 프랑스 누벨아키텐 지방 피레네자틀란티}크주의 주도이다 - 옮긴이 인근의 구르^{Gurs} 강제 수용소로 이송되었다. 필수 시설만 있는 매우 원시적인 수용소였다. 그곳은 스페인내전 당시 탈출한 스페인 사람들 때문에 1936년에 급조된 시설이었다. 하지만 이번에도 침상을 나 혼자 썼고, 하루 세 끼를 먹었다. 그렇게 그곳에서 일곱 달을 지냈다. 잔인한 운명의 장난만 아니었다면, 비참하긴 해도 인간의 존엄성을 간직한 채 전쟁이 끝날 때까지 그곳에서 조용히 지낼 수 있었을지도 모른다. 히틀러는 유럽의 유대인, 특히 나치가 침공한 나라에서 도망친 유대인들에게 점점 더 강하게 집착했다. 유대인 중에는 교수, 의사, 과학자처럼 고등 교육을 받은 사람이 많았는데, 히틀러는 독일 제3제국의 과학과 산업 수준을 끌어올리기 위해 이 인력을 이용하려 했다. 그 때문에 유대인을 악착같이 데려가려 했다.

프랑스 비시 정권의 국가 주석 필리프 페탱^{Philippe Pétain}은 나치의 부역자였고, 프랑스인 전쟁 포로 중 전문직 종사자들이 석방되기를 바랐다. 이런 상황에서 외국에서 유입된 프랑스 전역의 유대인들은 아주 좋은 협상 카드가 아닐 수 없었다.

수용소 소장이 부를 때까지, 나는 정세가 어떻게 돌아가고 있는지 아무것도 파악하지 못하고 있었다. 소장은 내가 다른 유대인들과 함께 어딘가로 보내질 거라고 했다. 그날까지 나는 그 수용소에 다른 유대인이 있었다는 사실조차 알지 못했다. 만 오천 명에 가까운 수감자 중 유대인 팔백이십삼 명이 열차에 탔고, 서른다섯 명은 화물 열차에 타야 했다. 열차에 타기 위해 기차역 승강장으로 이동할 때, 한 간수에게 어디로 가는 열차냐고 물었더니 폴란드에 있는 강제 수용소로 가게 될 거라고 답해주었다. 아우슈비츠^{Auschwitz Birkenau, 독일 제3제국이 만든 가장 최대 규모의 강제 수용소로, 백오십만 명의 수용자가 살해된 곳이다-옮긴이}라는 이름을 처음 들은 것은 바로 이때였다.

|||||| 5장 ||||||

지금 당신의 어머니를
안아드려라

❖

그 당시 나는 아우슈비츠에 대해 아무것도 알지 못했다. 어떻게 알 수 있었겠는가? 우리 중 어느 누가 과연 그런 곳이 있을 거라고 감히 상상이라도 했겠는가? 물론 나는 나치 치하의 강제 수용소에 들어가면 절대 안 된다는 것 정도는 알고 있었다.

그래서 상대적으로 안전한 프랑스 영토에 있는 기차역에 프랑스인 간수 및 기관사들과 함께 있을 때 탈출해야겠다고 결심했다.

프랑스 기차역에서 일하는 기관사들이 스크루드라이버

와 자재 스패너가 든 작은 연장 상자를 갖고 다닌다는 사실을 배운 적이 있었다. 간수들이 잠시 한눈을 파는 사이 나는 그 연장 상자를 훔쳐 윗옷 속에 숨겼다. 그런 다음 운전석으로 가서 독일까지 몇 시간 걸리느냐고 프랑스어로 물어보았다. 아홉 시간이라고 했다. 아홉 시간 안에 나는 탈출해야만 했다. 그렇지 않으면 영영 자유를 얻지 못할 것 같았다.

열차가 움직이기 시작하자, 나는 바로 준비 작업에 들어갔다. 우선 열차 바닥의 볼트를 모두 풀었다. 그렇지만 열차 바닥면이 서로 맞물려 있다는 건 알지 못했다. 바닥의 모든 나무 널빤지가 은촉을 은촉홈에 끼워 이어 붙인 상태여서, 볼트를 모두 빼냈지만 바닥판을 들어낼 수가 없었다. 나는 훔쳐두었던 스크루드라이버를 꺼내 바닥판의 연결 부위를 헐겁게 할 요량으로 나무판을 깎아내기 시작했다. 바닥판 두 개를 들어내느라 거의 아홉 시간 동안 안간힘을 써야 했다. 그즈음에는 국경인 스트라스부르Strasbourg, 프랑스와 독일의 경계 도시 – 옮긴이까지 10킬로미터 정도밖에 남지 않은 것 같았다. 이제 시간이 별로 없었다.

우리 일행 아홉 명은 앙상하게 마른 몸을 꿈틀거리며 열차 바닥에 난 구멍에서 필사적으로 빠져나왔다. 그렇게 거미처럼 기어 내려와 열차 바닥 아래쪽에 매달렸다. 소중한 목숨을 손가락 끝에 의지한 채. 열차의 움직임과 위쪽의 환한 불빛으로 볼 때, 스트라스부르에 가까이 온 것 같았다. 그곳에 도착하면 붙잡힐 게 뻔했다. 나는 일행 모두에게 손을 놓으라고 외쳤고, 철길로 내려온 다음에는 침목에 바짝 붙어 가능한 한 납작하게 엎드렸다. 우리는 손으로 머리를 감싼 채 열차가 요란한 소리를 내며 머리 위로 지나가기를 기다렸다. 열차 바닥에 늘어진 쇠사슬이 머리를 치면 두개골이 수박처럼 박살 날 수도 있는 순간이었다.

이렇게 해서 열차는 점점 우리에게서 멀어졌고, 곧 머리 위로 푸른 하늘이 펼쳐졌다. 안전에 안전을 기하기 위해 우리는 뿔뿔이 흩어져 각자 다른 방향으로 가기로 했고, 곧 모두 어둠 속으로 사라졌다. 이들 중 어느 누구도 다시 보지 못했다.

나는 브뤼셀 쪽을 가늠한 다음, 400킬로미터 이상 떨어진 그곳을 향해 걸음을 옮겼다. 역으로 돌아가 기차를 타는 건 너무 위험했다. 체포될 게 불 보듯 뻔한 상황이었다. 그 대신 기차역 밖에 서 있다 브뤼셀로 가는 첫 번째 기차에 뛰어올랐고, 기차가 각 역에 도착하기 전에 다시 뛰어내렸다. 역마다 군인들이 기차 안을 샅샅이 뒤졌기 때문에 그렇게 하지 않으면 목숨을 부지하기 힘들 것 같았다. 이런 식으로 한밤중에 기차에 뛰어올랐다 다시 뛰어내리기를 반복하며 브뤼셀에 도착하기까지 일주일 가까운 시간이 걸렸다.

나는 브뤼셀에 도착하자마자 부모님과 함께 살던 근사한 아파트로 찾아갔지만, 그곳에 사는 사람들은 우리 가족에 대해 전혀 알지 못했다.

우리 가족과 가깝게 지내던 드이르에게도 연락해보았다. 브뤼셀의 경찰국장이고 권력층에 인맥이 있는 드이르라면 부모님이 어디 있는지 알 것 같았다. 아버지와 드이르는 내가 어렸을 때부터 친구 사이였다. 라이프치히에서 살 때 자주 우리 집에 오기도 했고, 매년 크리스마스카드를 주고받을 만큼 가까웠다. 우리 가족들은 만약 각자 헤어지게 되면 드이르에게 찾아가 서로의 행방을 알아보기로 약속이 되어 있었다.

나는 그 약속을 떠올리며 드이르가 일하는 경찰서로 은밀하게 찾아갔다. 그곳에서 그를 만났지만 조용히 이야기를 나눌 수 있는 카페로 자리를 옮겨야 했다. 다행히 드이르는 부모님이 그 아파트를 떠나, 브뤼셀 외곽에서 숨어 지낸다는 소식을 전해주었다. 여동생 헤니도 그곳에서 안전하게 지내고 있다고 했다. 물론 독일이 이미 점령해버린 벨기에에서 가능한 만큼의 안전이긴 하지만. 사방에 나치의 마수가 뻗치지 않은 곳이 없는 상태에서 숨을 수 있는 곳은 별로 없었다.

드이르가 주소를 알려주었고, 마침내 우리 가족은 다시 만날 수 있었다. 부모님은 토에라는 노인이 사는 집 다락에 은신처를 마련해서 살고 있었다. 그는 하숙집을 운영하는 90대 후반의 노인이었는데 독실한 가톨릭 신자였고, 세상이 어떻게 돌아가는지 잘 모르는 사람이었다. 너무 늙어서 밖에 잘 나가지도 못했는데 자기 집 다락에 유대인을 숨겨주는 게 불법인 줄도 몰랐다. 아마 유대인에 대해서 아무것도 몰랐을 것이다.

우리 가족은 이렇게 해서 모두 만나 피난처에서 함께 살게 되었지만, 부모님은 건강이 좋지 못했다. 아버지는 1년쯤 전에 벨기에 경찰에게 맞은 후유증이 생각보다 심각해서 잘 걷지 못했는데 이후에는 위장 질환까지 생겨서 고생하고 있었다.

그 집 다락에는 비좁은 방이 두 개 있었는데, 우리 가족이 예전에 살던 집에 비하면 형편없었지만, 그래도 그런대로 안락하게 지낼 수 있었다. 다락에는 화장실이 없어서, 다른 하숙생들이 모두 잠든 후에야 아래층으로 내려가 볼일을 봤다. 이런 상황에서도 아버지는 최선을 다해 집을 꾸며주려고 했다. 어디선가 예쁜 가구를 구해 와서 최대한 밝고 쾌적하게 손보는 식이었다. 어머니의 친자매인 이모 두 분이 두 달간 그 집에서 함께 지내기도 했다. 두 분은 한동안 안전하게 같이 살았다. 하지만 어느 날 우리가 전에 살던 브뤼셀의 아파트로 우편물을 가지러 갔다 잠복 중인 게슈타포에게 체포되었다. 그 후로 다시는 두 분을 볼 수 없었다. 두 분은 아우슈비츠로 가는 열두 번째 수송차에 태워졌지만, 아우슈비츠에 도착할 때까지 살지도 못했다. 나치가 도중에 열차의 방향을 틀어 터널로 갔고, 터널에 가스를 가득 채워 그곳에 타고 있던 사람들을 몰살시켰기 때문이다. 함께 타고 있던 어린아이들까지도. 이 사건 이후에 이 사람들을 어떻게 했는지는 아무도 모른다. 어떤 기록도 목격자도 역사에 남아 있지 않기 때문에, 살해당한 이모 두 분이 땅에 묻혔는지, 아니면 불에 탄 후 재가 되어 흩어졌는지 아마도 영원히 알 수 없으리라. 그토록 오랜 세월이 지났는데도, 이 일만 생각하면 가슴이 찢어질 듯 고통스럽다.

밖으로 나가는 건 위험천만한 일이었다. 누가 우리를 고발할까 봐 하루하루가 두려웠다. 그래서 낮에는 밖에 잘 나가지 않았다. 나는 머리카락이 검은색이라 의심의 눈초리로 바라보는 사람들한테는 표적이 되기 십상이었다. 하지만 동생은 머리색도 밝고 예쁘장한 이목구비라 의심을 사지 않았다. 우리 가족 중 가장 '독일인'처럼 보이는 동생이 주로 먹을 것을 구하러 잠깐씩 나갔다 오곤 했다.

그럼에도 상황은 점점 힘겨워졌다. 우리에겐 돈이 없었고, 더 심각한 문제는 식량 배급표를 받을 수 없다는 것이었다. 전쟁으로 모든 물자가 부족한 상황이었다. 게다가 벨기에 시민이 아니면 배급표를 받을 수 없었는데, 이게 없으면 식료품조차 살 수 없었다. 나는 절박한 심정으로 공장 수십 군데를 돌며 일자리를 알아봤지만, 신분증이 없으면 취업할 수도 없었다.

그러다가 마침내 테넌바움이라는 네덜란드 이름을 가진 사람이 일거리를 줬다. 인적 없는 밤에 테넌바움이 운영하는 공장에 가서 기계를 관리하고 수리하는 일이었는데, 급여는 담배로 받기로 했다. 나는 한밤중에 은밀하게 일해야 했다. 통행금지가 시행 중이어서 어두워진 뒤에 신분증도 없이 거리에서 발각되기라도 하면, 그 자리에서 총살당할 수도 있는 긴박한 상황이었다. 나는 밤이 되기를 기다려 순찰대의 눈에 띄지 않게 조심조심 공장까지 걸어가곤 했다. 공장에는 문을 열 수 있는, 작은 비밀 통로가 있었다. 테넌바움은 매일 밤 수리가 필요한 기계에 메모를 남겨놓았다. 해 뜨기 전에 일을 마치느라 한숨도 돌리지 못한 채 밤새 내내 일하는 날도 있었다.

통행금지라 공장에서 불빛이 새어 나가면 안 되기 때문에, 모든 창문을 검은 종이로 가려야 했다. 누군가 안을 들여다보기라도 하면 큰일이었다. 일을 마치면 급여로 받은 담배 열 갑을 배낭에 넣고 걸어서 귀가하곤 했다. 하지만 담배로 대체 무엇을 할 수 있단 말인가? 먹을 게 절실한 상황이었다! 나는 담배를 사줄 사람을 찾아 온갖 가게를 백 군데 이상 돌아다녔고, 결국 운 좋게도 식당을 운영하는 친절한 여성을 만날 수 있었다. 빅토와르 코르낭이라는 이 여성은 나 대신 담배를 팔고 그 돈으로 생필품을 사주기로 했다. 매일 밤 브뤼셀로 걸어 돌아오는 길에 그 식당 개집에 담배를 넣어두면, 빅토와르가 암시장에 담배를 내다 팔았고, 이튿날 돌아오는 길에 들르면 그곳에 빵, 감자, 버터, 치즈 같은 식료품이 놓여 있었다. 그래도 고기는 없었다. 우리 가족은 꼬박 1년 동안 한 번도 고기를 먹지 못한 상태였다. 빅토와르는 배급표를 많이 갖고 있었지만, 고기는 구할 수 없었다. 하지만 그것으로도 충분했다. 우리는 그렇게 해서 몇 달 동안 연명하며 안전하게 지낼 수 있었다.

그러던 어느 날 이런 일도 있었다. 집으로 돌아오는 길에 차 소리가 들려, 어느 집 대문 안으로 급히 몸을 숨겼다. 신속히 몸을 피하긴 했지만, 그곳에 누군가 있다는 사실을 너무 늦게 깨달았다. 거대한 사냥개인 세인트버나드가 문간에서 자고 있었던 것이다. 머리통이 말만 하고 몸집이 거대한 개를 왜 못 봤는지 모르지만, 개는 엉덩이 살점이 큼직하게 떨어져 나갈 만큼 나를 세게 물었다. 여차하면 나를 물어 죽일 수도 있었지만, 다행히 한 번 제대로 문 것에 만족했는지 곧장 길 아래쪽으로 달아나버렸다. 나는 절룩거리며 집으로 돌아왔고, 부모님에겐 아무 말도 하지 않았다. 말해봤자 걱정만 안겨드릴 것 같았다. 낮에 밖으로 나가는 건 위험했지만, 그래도 치료는 받아야 했다. 그다음 날 아침 상처를 소독하고 파상풍 주사를 놓아줄 약사를 겨우 찾았고, 이후로는 나 스스로 필요한 주사를 놓았다. 그러고 나서 밤이 되자 다시 평소처럼 공장으로 일을 하러 갔고, 늦게까지 일하던 사장과 마주쳤다. 내가 어떤 일이 있었는지 들려주자, 사장은 웃으며 이렇게 말했다.

"머리에 총 맞은 것보다 엉덩이 한 번 물린 게 낫고말고!"

이렇게 하루하루 신변에 위협을 느끼는 일들이 비일비재했다. 아버지는 한쪽 방 입구를 가벽으로 막고, 경찰이 들이닥칠 경우 지붕을 통해 옆집 지붕으로 도망칠 수 있게 창문 밖에 널빤지를 놓아두었다. 옆 건물엔 어린아이가 셋인 유대인 가족이 숨어 살고 있었다. 어느 날 부모가 잡혀가는 바람에 아이들만 남게 되자, 우리 가족이 거둬들였다. 열세 살, 열두 살 난 남자아이 둘과 열 살밖에 안 된 여자아이 하나였다. 졸지에 고아가 된 이 아이들을 어머니는 친자식처럼 보살폈다.

개에 물린 사건이 일어나고 나서 얼마 뒤 뜻밖의 반가운 일이 생겼다. 쿠르트 히르슈펠트가 브뤼셀에 있다는 걸 알게 된 것이다! 쿠르트는 프랑스에 억류되어 있다 탈출해 전에 살던 곳으로 돌아왔는데 그 순간부터 우리는 형제나 다름없었다. 쿠르트는 영국인 아내를 둔 사촌과 함께 지냈는데, 금요일이면 어둠을 틈타 순찰대의 눈을 피해가며 저녁을 먹으러 우리 집에 오곤 했다. 내가 일하러 가기 전인 이른 저녁 시간에도 종종 만나서 함께 시간을 보냈다. 부모님이 베를린에서 이미 살해당한 터라, 당시 그에게는 가족이 거의 없었다. 어머니는 쿠르트를 무척 마음에 들어 했고 친아들처럼 아껴주었다.

요즘도 밤에 자리에 누워 과거를 돌이켜볼 때면, 이때가 내 생애 최고의 시절이었다는 생각이 든다. 다락방에서 온 가족이 함께 지냈던 이 시기가 나에게는 너무나 소중하기만 하다. 비좁고 때로는 불편했으며, 뼈 빠지게 일해서 입에 겨우 풀칠만 하고 살았지만 우리는 함께 있었다. 이것은 발터 슐라이프라는 이름으로 비밀스럽게 살던 나에게, 또 부헨발트에서 비참하게 살던 나에게는 꿈에도 그리던 인생 그 자체였다. 잔뜩 겁을 먹은 채 외로움에 떨었던 내가 원하고 또 원했던 것은 이것이 전부였다. 그렇게 바라고 바라던 꿈이

현실이 된 지 열한 달이 되던 어느 날, 쿠르트가 보이지 않았다. 누군가 그 친구를 고발해서 나치 친위대에 체포된 건 아닌지, 너무나 걱정이 되었다. 그리고 머지않아 나는 친구뿐 아니라 나의 운명 또한 벨기에에 오래 머물 수 없다는 걸 알게 되었다.

───────

1943년 겨울 어느 날 저녁, 내가 일하러 나간 직후에 가족들이 체포되었다. 벨기에 경찰이 다락방에 들이닥쳐 부모님과 여동생을 붙잡아 간 것이다. 도망칠 수도 있었지만 시간이 촉박하자, 부모님은 그 찰나의 시간을 어린아이들을 가벽 뒤로 숨기는 데 썼다. 어린 남자아이가 감기에 걸린 상태여서, 아버지가 손수건을 주며 꼭 물고 있으라고 했다. 그래야 재채기를 해서 경찰에 걸리는 일이 없을 테니까.

경찰은 내가 돌아올 거라 짐작하고 밤새 내내 잠복하고 있었다. 새벽 세 시 십 분쯤 집으로 돌아왔더니, 컴컴한 집안에서 아홉 명이나 되는 경찰이 반쯤 잠든 채 나를 기다리고 있었다. 나는 그자들을 비난하며 소리쳤다.

"이 배신자들아! 언젠가는 후회하게 될 거다!"

물론 아무 소용도 없었다. 그자들은 나를 브뤼셀의 게슈타포 본부로 데려갔다. 가족들은 이미 그곳에 갇혀 있었다. 나는 아버지와 같은 감방에, 어머니와 여동생은 다른 감방에 갇혔다. 하지만 그 와중에 작은 기적도 일어났다. 경찰은 그 다락방에서 밤새 나를 기다렸지만, 가벽 뒤에 숨은 어린 아이들은 찾아내지 못한 것이다. 아이들은 그렇게 해서 살아남았다. 후에 이 아이들은 다른 유대인 가정에서 거둬들여 전쟁이 끝날 때까지 안전하게 지냈다. 여러 해 뒤에 나는 이 아이들과 만났는데, 한 명은 벨기에에서 다른 두 명은 이스라엘에서 잘 지내고 있었다. 이 모든 것은 대담하고 재빠른 판단으로 이들을 살린 아버지 덕분이었다.

그 후 우리 가족은 벨기에 말린Malines, 벨기에의 북부 공업 도시 메헬렌 Mechelen의 프랑스어 표기−옮긴이에 있는 임시 수용소로 이송되었다. 그곳에서 유대인은 한곳에 수용된 채 폴란드로 이동할 기차에 탈 수 있는 최대 인원이 되기를 기다렸다. 독일군은 끔찍할 정도로 효율적인 방법을 써서, 한 열차에 탈 수 있는 최대 인원인 천오백 명을 모아 열 개의 칸에 정확히 백오십 명씩 태웠다.

추위에 떨며 기다리는 동안 무서운 생각들이 머릿속에 빙빙 돌았다. 이전에 나치가 운영하는 강제 수용소에서 지낸 경험이 있다 보니 어떤 비극이 우리 가족에게 벌어질지 어느 정도는 짐작할 수 있었지만, 얼마나 끔찍할지는 알 수가 없었다.

그 와중에 한 가지 믿을 수 없는 일이 벌어졌다. 역 맞은편에서 누군가 흥분한 채로 내 쪽을 바라보며 춤을 추고 있었던 것이다. 나는 내 눈을 믿을 수가 없었다. 그 사람은 바로 그토록 걱정했던 내 친구 쿠르트였다! 친구는 브뤼셀에서 통행금지 시간에 경찰에 걸렸는데 신분증도, 수중에 백 프랑도 없는 상태였다. 반反부랑자 관련법에 걸리기 제격이었다.

한 사람을 체포하는 데 그렇게 많은 구실이 있는지 믿기 힘들 정도였다. 유대인, 독일인, 그러더니 이제 부랑자라니! 쿠르트가 체포된 건 몇 주 전이었지만, 수송할 유대인 천오백 명이 모일 때까지 수용소에 억류되어 있었던 것이다. 암울한 상황이었지만, 가족처럼 여기던 친구를 다시 만난 것은 정말 감동적인 일이었다.

나치는 오래지 않아 수용 가능 최대 인원인 천오백 명을 모았고, 우리를 열차에 태우기 시작했다. 남자 여자 그리고 어린아이들이 캔에 든 정어리처럼 어깨를 맞대고 빽빽하게 섰다. 서 있거나 무릎을 꿇을 수는 있었지만 누울 자리도, 외투를 벗어둘 공간도 없었다. 밖은 영하의 추위가 맹위를 떨쳤지만, 열차 안은 이내 퀴퀴한 냄새가 나며 견디기 힘들 정도로 더워지기 시작했다.

그러고 나서 아홉 번의 낮과 여덟 번의 밤이라는 길고 긴 여정이 이어졌다. 열차는 어떨 때는 빨리 달리다, 어떨 때는 기다시피 했다. 몇 시간이고 꼼짝하지 않고 정차해 있을 때도 있었다. 먹을 것은 물론 없었고, 마실 물도 적었다. 우리가 탄 칸 안에는 170리터짜리 물통 하나가 있었는데, 그건 그 긴 여정 동안 우리 백오십 명이 마실 물이었다. 또 다른 170리터짜리 통은 변기로 쓰라고 제공된 것이었다. 남자와 여자, 건강한 사람과 아픈 사람 할 것 없이, 우리 모두는 다른 사람들이 지켜보는 앞에서 그 물통 변기를 사용해야 했다.

그러나 정말 심각한 문제는 물이었다. 사람은 아무것도 먹지 않고 이삼 주 동안 살 수 있지만, 물 없이는 불가능하다.

아버지가 나섰다. 아버지는 주머니에서 작게 접히는 컵과 스위스 군용 칼을 꺼냈다. 나는 지금도 아버지가 어디서 그런 걸 구해 왔는지 모르겠다. 아버지는 작게 접힌 종이컵을 완전히 펼친 후에, 칼로 작은 조각 백오십 개로 잘랐다. 그런 다음 물을 나눠 먹을 방법을 설명했다. 우리 칸에 있는 모든 사람들은 아침에 한 번 그리고 저녁에 한 번, 이렇게 하루 두 번, 물 한 컵씩을 마실 수 있었다. 그 정도면 목숨을 부지하기에 충분했고, 물도 가능한 한 오래 보존할 수 있었다. 사람들은 처음 물을 마실 때 종잇조각 하나씩을 받았고, 저녁에는 그 종이로 두 번째 물을 받아 마셨다. 종이를 잃어버린 사람은 더 이상 물을 받아먹을 수가 없었다. 여러 날이 지나면서 변기로 쓰는 통은 점점 차올랐고 물통의 물은 점점 줄어들었으며, 열차 안에는 퀴퀴한 냄새를 넘어서서 악취가 견딜 수 없을 만큼 심해져 갔다. 열차 안의 시간은 하루 두 번 물 마시는 일로 구분되었다.

다른 열차 칸에서는 금세 물이 동났다. 철로의 소음 너머, 열차 벽을 통해 사람들이 울부짖는 소리가 들려왔다. 어떤 여성의 목소리가 들렸다.

"우리 아이가 목이 말라요! 물 좀 주세요! 물을 주시면 제

금반지를 드릴게요!"

그러나 이틀이 더 지난 뒤에는 이런 말소리도 점점 잠잠해졌다.

목적지에 도착할 즈음, 다른 칸에서는 많은 경우 40퍼센트 정도가 목숨을 잃었다. 하지만 우리 칸에서 목숨을 잃은 사람은 둘뿐이었다. 아버지 덕분에 우리 칸에서는 두 사람을 제외한 나머지 모두가 살아남은 것이다. 적어도 아우슈비츠에 도착하기 전까지는.

폴란드의 겨울 추위가 맹위를 떨쳤던 1944년 2월, 우리가 탄 열차가 아우슈비츠Ⅱ-비르케나우 기차역에 도착했다. 나는 가시 돋친 철조망 위에 무쇠로 새긴, 그 악명 높은 문장을 처음 보았다.

아르바이트 마히트 프라이(Arbeit macht frei)
노동이 그대를 자유케 하리라.

진흙이 얼어 길바닥이 미끄러웠고, 그래서 열차에서 먼저 내린 사람들이 비틀거렸다. 열차 바닥이 승강장보다 약간 높아 열차에서 승강장으로 살짝 뛰어내려야 하는 상황이었다. 우리는 모두 몹시 쇠약해져 있었고 아픈 사람들도 많았다. 그렇지만 아버지와 나는 아직 힘이 남아 있었고, 그래서 뒤에 남아 여자와 어린아이 그리고 노인들이 기차에서 내리는 것을 도왔다. 어머니와 여동생을 도와 기차에서 내리게 한 뒤 다른 사람들을 돕고 있는 사이에, 두 사람이 우리 눈앞에서 인파에 휩쓸려 사라지고 말았다. 나치 친위대가 순찰봉과 총 그리고 사나운 전투견을 동원해 사람들을 소떼 쫓듯 몰아댔다. 불현듯 정신을 차리고 보니 인파 속에 아버지와 나뿐이었다.

우리는 떼를 지어 승강장을 따라 내려갔다. 한 남자가 눈처럼 흰 가운을 입고 나치 친위대에 둘러싸인 채 진흙땅에 버티고 서 있었다. 그자는 바로 의사이자 잔혹한 살인마, 인류 역사상 가장 사악한 인간, '죽음의 천사'라 불리던, 요제프 멩겔레Josef Mengele였다.

새로 도착한 수감자들이 앞에 오면, 그자가 왼쪽 혹은 오른쪽이라고 지시를 내렸다. 그때 우리는 그게 무슨 뜻인지 몰랐지만, 그자는 그 악명 높은 '선별 작업'을 벌이고 있었던 것이다. 이곳에서 수감자들은 먼저 남성과 여성으로 분리되었고, 그리고 나서는 아직 건강하니 아우슈비츠로 보내 노역에 동원될, 말 그대로 죽을 때까지 일할 사람과, 곧장 가스실로 직행할 사람으로 나뉘었다. 한쪽은 지상 최악의 지옥에서 또 다른 삶을 이어 갈 사람들, 다른 한쪽은 칠흑 같은 어둠 속에서 처참한 죽음을 맞이할 사람들이었던 셈이다.

"이쪽."

멩겔레가 나를 가리키며 지시했다.

"저쪽."

아버지한테는 다른 방향, 수감자들이 오르고 있는 트럭 쪽을 가리켜 보였다. 나는 아버지와 헤어지기 싫어서 있던 줄에서 빠져나와 다른 줄로 가서 아버지 뒤에 섰다. 내가 막 트럭에 오르려 할 때, 멩겔레 옆에 서 있던 나치군 한 명이 나를 알아봤다.

"이봐! 이쪽으로 가라고 하셨잖아! 네놈은 트럭에 타는 게 아니라고!"

그자가 이렇게 말하며, 아우슈비츠 입구 쪽을 가리켜 보였다.

"왜죠?"

내가 물었다. 그자는 늙은 사람은 트럭을 타고, 젊은 나는 걸어가야 한다고 대답했다. 타당한 설명이었다. 나는 더 이상 이의를 달지 않았다. 하지만 그 트럭에 탔다면, 나는 아버지와 함께 그대로 목숨을 잃고 말았을 것이다. 그날 요제프 멩겔레는 노역을 시킬 만한 젊은이 백사십팔 명을 선별해 아우슈비츠로 보냈던 것이다.

우리는 수용소로 행진해 들어갔고, 나치는 그곳에서 우리에게 옷을 모두 벗어 한곳에 쌓으라고 지시했다. 그러고는 아주 좁은 샤워실로 밀어 넣었다. 백사십팔 명이 그 좁은 공간에 빽빽하게 들어섰다. 나는 무슨 일이 벌어질지 알고 있었으므로 엄청난 두려움에 사로잡혔다. 전에 부헨발트에서도 이런 일을 겪은 적이 있었다. 나치는 우리의 인내심을 시험하고 있었다. 우리는 냉기 감도는 이 좁고 컴컴한 방에 여러 날 동안 갇혀 있을 것이고, 우리가 지칠 대로 지쳤을 때 "불이야!", "가스다!" 같은 말을 외쳐 우리를 극도의 공포에 몰아넣을 것이다. 아니면 우리 중 한 명을 마구 때려 공포감을 조성하면 놀란 수감자 중 몇몇이 이리저리 뛰어다니며 다른 수감자들을 마구 짓밟게 될 것이다. 우리 모두는 식별 번호가 적인 종이를 한 장씩 받았고, 그 종이를 잃어버리면 목매달아 죽일 거라는 경고를 들었다. 나는 쿠르트와 부헨발트에서 알게 된 다른 두 청년과 함께 계획을 세웠다.

"이 방에 얼마나 오래 있을진 모르지만, 일단 구석에 서 있어야 돼. 두 명이 등을 벽 쪽으로 하고 서서 지키고 있으면 그동안 다른 두 명은 그 뒤에서 잠을 자는 거야. 그러고 나서 교대하는 거지."

나는 이렇게 설명했다.

우리는 꼬박 사흘 밤 사흘 낮을 그 상태에서 보냈다. 나치가 빈번히 공포를 조장해 주변 많은 사람들이 칠흑 같은 어둠 속에서 서로를 닥치는 대로 짓밟으며 휩쓸려 다니는 동안, 우리 둘은 다른 두 사람을 지키며 꼼짝 않고 서 있었다. 사흘 밤 사흘 낮 동안 비명이 낭자하고 피 냄새가 진동했다. 불이 다시 들어왔을 때, 방에 들어온 백사십팔 명 중 열여덟 명이 죽어 있었다. 내 앞쪽 멀지 않은 곳에 있던 한 남자는 너무 심하게 짓밟혀서 한쪽 눈알이 튀어나와 얼굴에 매달려 있었다. 식별 번호가 적힌 종이가 잘 있는지 손을 펴보니, 손바닥에서 피가 흐르고 있었다. 종이를 너무 세게 움켜쥐어서 손톱이 살을 파고 들어간 것이었다.

나치군은 어느 방으로 나를 데리고 들어가, 파란색 줄무 늬가 새겨진 얇은 면 죄수복과 모자를 주었다. 죄수복 등에 는 종이에 적힌 숫자가 새겨져 있었다. 그러고 나서 내 팔을 팔걸이에 걸고 꼼짝 못 하게 한 뒤에 영원히 없어지지 않을 정도로 피부 깊숙한 곳에 그 야만적인 숫자를 새겨 넣었다. 수천 개의 바늘로 찌르는 것 같은 끔찍한 통증이 나를 괴롭 혔다. 그자들은 혀를 깨물지 않도록 종이 뭉치를 주면서 물 고 있게 했는데, 그것은 지상 최악의 지옥에서 그날 내가 받 은 유일한 친절이었다.

이틀 뒤 나치 친위대 장교에게 아버지가 어디로 갔는지 물어보았다. 그자가 내 팔을 잡아끌고 막사 사이로 50미터 정도 가더니 이렇게 대답했다.

"저기 위에 연기 보이지? 저기가 바로 네놈 아버지가 간 곳이다. 네놈 어머니도 그렇고. 가스실로 그리고 그다음엔 화장터로."

이렇게 해서 나는 고아가 되었다는 사실을 깨닫게 되었 다. 부모님이 돌아가시다니. 내가 아는 사람 중 가장 강인하 고 친절한 사람인 아버지가 땅에 묻힐 수 있는 정도의 존중 도 받지 못한 채 한 줌의 추억이 되어버리다니. 그리고 어머니. 가엾은 나의 어머니. 나는 작별 인사도 하지 못한 채 사랑하는 어머니를 이렇게 떠나보냈다. 그리고 지금까지 평생 하루도 빠짐없이 어머니를 그리며 산다. 지금도 매일 밤 나는 어머니 꿈을 꾸고, 때로는 어머니를 외쳐 부르며 잠에서 깨어나곤 한다. 젊었을 때 내가 원하는 것은 어머니 곁으로 돌아가 함께 시간을 보내고, 금요일 오후에 어머니가 만들어주는 찰라 빵을 먹고, 어머니가 웃는 모습을 보는 게 전부였다. 그런데 이제 다시는 그럴 수 없게 되어버린 것이다. 어머니의 웃는 얼굴을 두 번 다시는 볼 수 없다니……. 그자들은 내게서 어머니를 강탈해갔고 잔인하게 살해했다.

지금까지 살면서 어머니를 한 번만 더 볼 수 있다면, 내가 가진 모든 것을 기꺼이 내놓겠다는 생각을 하지 않고 보낸 날이 단 하루도 없다.

친구여, 만약 그럴 수 있다면 오늘 당장 집으로 가서 어머니를 안아드려라. 그러면서 얼마나 사랑하는지 말해라. 어머니를 위해. 그리고 이 말을 어머니에게 하지 못한, 당신의 새 친구 에디를 위해.

좋은 친구 한 명이 있으면
온 세상을 얻은 것과 같다

❖

갑자기 모든 것을 잃었다. 가족과 모든 소유물, 그리고 마지막으로 한 조각 남아 있던 인간에 대한 믿음까지. 이제 남은 것이라곤 다시는 돌아가지 못할 삶의 증표가 되어버린 허리띠 한 개뿐이었다.

사람들이 아우슈비츠로 들어오면, 나치는 그들이 가진 것을 몰수해 유대인 노역자들이 분류 작업을 하는 특별 구역으로 가져갔다. 우리 수감자들은 그곳을 '카나다(Kanada)'라고 불렀다. 그곳은 온갖 귀하고 좋은 물건이 가득한 곳이었다. 먹을 것과 돈과 보석이 넘쳐흐르는 곳. 내가 가진 것도 모두 강탈당해 카나다로 보내졌다 당시 폴란드인들은 '캐나다'를 잘사는 부자 나라로 생각해서 수용소 내 물품보관소를 이렇게 불렀다고 한다 – 옮긴이

가장 최악은 인간의 존엄성을 빼앗긴 것이었다. 히틀러는 자신의 책, 『나의 투쟁 Mein Kampf』에서 온갖 분노와 증오를 터뜨리며 이 세상 모든 문제의 원인이 유대인이라고 주장했다. 그뿐만 아니라 유대인을 돼지처럼 먹이고 누더기를 입히는 등 세상에서 가장 비참한 존재로 만들어, 굴욕감을 느끼게 해야 한다는 공상을 펼쳤다. 그런데 이제 그런 터무니없는 공상이 현실이 된 것이다.

172338이 내 번호였다. 이제 이 번호가 나라는 사람을 규정하는 유일한 정체성이 되었다. 나치는 이렇게 우리에게서 이름까지 빼앗아갔다. 우리는 이제 더 이상 인간이 아니라, 거대한 살인 기계에서 서서히 돌아가는 부속품에 불과했다. 그자들이 내 팔에 이 번호를 새긴 순간, 나는 서서히 집행되는 사형 선고를 받은 것이나 다름없었다. 그러나 그보다 먼저 그자들은 내 영혼을 죽이고 싶어 했다.

나는 헝가리, 프랑스, 러시아 등 유럽 각지에서 끌려온 유대인 사백 명과 같은 막사에서 지냈다. 수감자들은 인종과 유형별로 분리 수용되었다. 이 막사에는 유대인, 저 막사에

는 정치범 하는 식이었다. 히틀러에게는 우리 모두가 똑같았겠지만, 우리는 서로 다른 나라와 계층에서 왔고 직업도 각양각색이었다. 이런 사람들이 모두 한데 뒤섞여 지냈다. 서로 너무나 다른 언어를 썼기 때문에 대화도 불가능했으며, 공통점을 단 하나도 찾을 수 없는 경우도 많았다.

서로 다른 문화권에서 온 수많은 낯선 사람들과 함께 수감되어 있는 것은 그 자체만으로도 너무나 큰 충격이었다. 공통점이라곤 유대교를 믿는다는 사실 하나뿐이었는데, 이조차 각자에게 의미하는 바가 달랐다. 매우 독실한 신자도 있었지만, 나처럼 유대인이라는 사실 자체가 위험해지기 전까지는 유대교에 별 관심조차 없던 사람도 있었다. 어렸을 때 나는 늘 자랑스러운 독일인이었다. 따라서 이런 일을 겪게 된 것도 너무나 어처구니 없을 뿐이었다. 왜? 도대체 왜? 나는 그때도 그랬고 앞으로도 계속 이렇게 질문할 수밖에 없다. 왜? 도대체 왜?

함께 일하고, 함께 운동하고, 함께 공부했던 사람들이 어떻게 이렇게 짐승 같은 존재로 돌변할 수 있는지 나는 아직도 잘 이해가 되지 않는다. 어떻게 이렇게 친구를 적으로 만들고, 문명화된 인간을 잔혹하면서도 무력한 좀비처럼 만들

어버린단 말인가? 이토록 지독한 증오심을 만들어내는 게
도대체 어떻게 가능하단 말인가?

———

아우슈비츠는 죽음의 수용소였다.

아침에 눈을 뜨면, 다시 돌아와 침대에 누울 수 있을지 전
혀 가능할 수 없었다. 침대에서 자지도 않았지만 말이다. 우
리는 너비 2.5미터도 안 되는, 딱딱한 나무 널빤지로 대충 만
든 침상에서 잤다. 몸이 다 얼어붙을 것 같은 추운 밤에도 매
트리스도 담요도 없이 열 사람이 일렬로 누워서 잤다. 온기
라곤 서로의 몸에서 나오는 체온뿐이었다. 우리는 통조림에
켜켜이 담겨 있는 청어처럼 몸을 동그랗게 웅크린 채 열을
지어 자곤 했다. 이것이 살아남을 수 있는 유일한 방법이었
다. 게다가 영하 8도인 추운 날씨에 발가벗고 자야 했다. 그
래야 감히 탈출하지 못한다는 이유 때문이었다.

밤에 일을 보러 가는 사람은 돌아와서 열의 맨 앞과 맨 뒤
에 누운 사람을 흔들어 깨워, 이들이 인간 더미 안으로 들어

갈 수 있게 해줘야 했다. 그렇게 하지 않으면 바깥쪽에 누워 자던 사람이 얼어 죽는 경우가 많았다. 매일 밤 맨 바깥쪽에서 너무 오래 자다 목숨을 잃는 사람이 열 명에서 스무 명도 정도 되었다. 매일 밤 우리는 단지 살기 위해 옆 사람의 품 안에서 잠들어야 했으며, 잠에서 깨어나면 누군가 초점 없는 눈으로 우리를 응시하며 딱딱하게 굳은 채 얼어 죽어 있는 것을 발견하곤 했다.

하룻밤을 견디고 살아남은 사람들은 찬물 샤워로 잠을 깬 뒤, 커피 한 잔과 빵 한두 쪽을 먹고, 수감자의 노역으로 돌아가는 독일 공장까지 걸어가야 했다. 세상에서 가장 권위 있고 지금까지도 운영되는 독일의 기업 중 많은 곳이 이윤을 내기 위해 우리 같은 수감자를 활용했다. 우리는 무장한 간수의 감시를 받으며 한 시간 반 정도를 행군하듯 걸어서 일터로 갔다. 눈비와 바람으로부터 몸을 보호해주는 것이라곤 얇은 죄수복뿐이었고, 신발은 싸구려 나무와 질긴 천으로 만든 것이었다. 그런 신발을 신고 걸을 때마다 아무렇게나 잘라 만든 나무의 날카로운 모서리가 연한 발을 마구 찔러댔다. 그렇게 걸어서 일터로 오가다 누군가 발을 헛디뎌 넘어지면 간수들이 즉시 총을 쐈고, 그러면 다른 수감자들이 시신을 수용소까지 옮겨야 했다. 얼마 지나지 않아 우리는 너무 쇠약해져 동료의 시신을 옮길 수 없는 지경에 이르렀고, 그래서 들것으로 쓸 긴 누더기를 갖고 다니기 시작했다. 시체를 옮기지 못하면 나치가 그 사람까지 죽였기 때문이다. 그것도 다른 수감자들 앞에서 본보기로 죽이기 위해 다시 먼 길을 걸어 수용소에 도착한 뒤에 죽였다. 누구든 더이상 일할 수 없게 되는 순간, 나치에게 불필요한 존재가 되었고, 그러면 그 즉시 목숨을 잃었다.

아우슈비츠에서는 금만큼이나 귀한 것이 누더기였다. 아니, 어쩌면 더 귀했는지도 모른다. 금으로는 할 수 있는 게 별로 없지만. 누더기로는 상처를 감싸고, 죄수복 안에 넣어 온기를 유지하고, 간단히 몸을 닦을 수 있었으므로. 나는 누더기로 양말을 만들어 딱딱한 나무 신발을 조금 더 편하게 신곤 했다. 또한 사흘마다 신발을 돌려 신어, 살을 누르는 딱딱한 부분이 발의 같은 부분을 눌러대지 못하게 했다. 이런 사소한 조치들이 살아남는 데 도움이 되었다.

내가 속한 작업반에서 처음 맡은 일은 폭격으로 파괴된 탄약 창고를 청소하는 일이었다. 아우슈비츠에서 멀지 않은 곳에 전선으로 보낼 탄약과 군수품의 보급 창고 역할을 한 마을이 있었다. 우리는 그 마을까지 행진해 가서 폭파된 탄약 파편을 맨손으로 주웠다. 고되고도 위험천만한 일이었다.

작업반의 다른 유대인들이 독일인이라는 이유로 나를 신뢰하지 않아, 나는 더욱 불행했다. 그렇지만 곧 혼자 지내는 법을 익혔다. 단 쿠르트만은 예외였다. 또 부모님이 세상을 떠난 건 알게 되었지만, 여동생이 선별 작업에서 살아남았는지는 알 수 없어 애가 탔다. 이런 상황에서 쿠르트의 존재는 행복했던 과거의 삶, 그 시절과의 유일한 연결 고리였다. 고백하건대, 그 당시의 나에게는 그 친구와 나눈 끈끈한 우정보다 더 소중한 건 아무것도 없었다. 만약 쿠르트가 없었다면 부모님이 살해당한 뒤의 절망과 비애를 도저히 견디지 못했을 것이다. 우리는 다른 막사에서 지내고 한 번도 같은 작업반에서 일한 적이 없지만, 하루 일과를 마친 뒤 매일 만나 함께 걸으며 이야기를 나눴다. 이 사소한 일과는 내가 계속 살아가도록 해주기에, 그리고 나를 걱정해주고 내가 걱정하는 누군가가 아직 이 세상에 남아 있다는 사실을 일깨워주기에 충분했다.

독일군은 모든 기록을 아주 철저하고 정확히 관리해서, 독일 전역에서 온 유대인들이 살던 곳과 직업에 대한 정보를 갖고 있었으며, 이런 정보를 바탕으로 매우 잔인하고 효율적인 살인을 저질렀다. 다행스럽게도 아우슈비츠에는 쿠르트에 관한 서류가 없었다. 쿠르트는 독일과 폴란드 국경에 있는 도시 출신이었는데, 나치가 그 마을에 대한 기록을 갖고 있지 않았던 것이다. 나치 간수가 직업을 물었을 때, 친구는 '제화공'이라고 대답했고, 그는 숙련된 장인으로 분류되어 수용소 내 작업장에서 신발 만드는 일을 했다. 쿠르트는 실내에서 지냈고, 나처럼 눈비를 맞으며 공장까지 먼 길을 걷지 않아도 되었다. 나는 발에 물집이 잡히고 굶주린 채 일터에서 돌아왔지만, 그때쯤 친구는 눈비도 맞지 않고 여분의 음식을 먹은 후 쉬고 있었다. 수감자들에게 배급한 후 음식이 남으면, 제일 먼저 수용소 안에서 일하는 사람들 즉 재단사, 제화공, 목수에게 돌아갔기 때문이다. 일을 마치고 나면 공장 측에서 우리를 먹여서 내보내야 했지만, 음식이 충분한 경우는 단 한 번도 없었고, 수용소로 돌아와봤자 우리가 먹을 음식이 남아 있는 경우는 거의 없었다.

이런 나에 비해 쿠르트는 상황이 훨씬 좋았기 때문에 여분으로 받은 음식을 조금 남겨두었다 나에게 나눠주곤 했다. 우리는 이렇게 서로를 잘 보살펴주었다. 진실한 우정이란 바로 이런 것이다.

수용소 안에 있는 쓰레기 더미에서는 쓸 만한 것을 얻을 기회가 자주 있었다. 예를 들어 날이 무뎌져 목수가 버린 쇠톱을 발견하면, 나는 그 귀중한 쇠붙이를 그냥 버리지 않고 주워다 뾰족뾰족한 날 부분을 갈아내어 멋진 칼로 만든 다음, 톱의 나무 손잡이를 깎아 모양을 냈다. 그러고는 이렇게 만든 칼을 '카나다'에서 일하는 사람들, 즉 쓸모 있는 것을 여분으로 갖고 있는 수감자나 민간인에게 팔아서, 옷가지나 약간의 음식 또는 비누로 바꾸곤 했다. 아우슈비츠에는 나치 친위대뿐 아니라 요리사, 운전사 같은 민간인도 많이 있었다. 주로 독일인이나 폴란드인이었는데 이들도 역시 전쟁이 끝나기만을 기다렸다. 나는 이들이 원하는 물건을 만들어주고 대가를 받곤 했다. 공장에 있는 기계로 이들이 애인에게 줄 반지를 만들어 이름의 첫 글자를 새겨주기도 했다. 잘 만든 쇠 반지 한 개는 셔츠나 비누 한 장과 바꿀 수 있었다.

하루는 구멍이 나 버려진 커다란 냄비가 눈에 띄었다. 나는 좋은 생각이 떠올라 냄비 구멍을 때운 다음 수용소로 가져와 의사인 수감자들에게 접근했다. 아우슈비츠 안에는 의사가 많이 있었다. 수감된 중산층 유대계 독일인 열 명 중 두 명 정도는 어떤 계통의 의사였다. 이들은 매일 아침 버스를 타고 여러 병원으로 파견되어 일했다. 격전지에서 돌아온 독일군 부상자를 치료하기 위해 전선으로 파견되는 경우도 있었는데, 이런 경우에는 한 번에 며칠씩 나가 있곤 했다. 이들은 하루 일한 대가로 매일 생감자 네 알을 받았다. 하지만 독이 있는 감자를 생으로 먹을 순 없었다. 따라서 이들은 나를 찾아왔다! 나는 감자 네 알을 삶아주는 대가로 감자 한 알을 받았고, 이렇게 해서 쿠르트와 나눠 먹을 여분의 식량을 조금씩 마련할 수 있었다. 저녁이면 주머니에 감자를 넣고 친구를 만나러 가 감자 두세 알로 만찬을 벌이곤 했다. 어느 날 밤 수감자를 못살게 굴기로 악명 높은 나치 간수 옆을 지날 때, 그자가 갑자기 다가와 내 엉덩이를 발로 찼고, 내가 몸을 돌리자 감자가 든 주머니를 또 찼다. 나는 몹시 아픈 듯 절룩거리는 시늉을 했다. 그렇게라도 하지 않으면 또 발길질을 당할 테니까. 그러고는 쿠르트를 만나 이렇게 말했다.

"미안하지만, 오늘은 으깬 감자 요리야!"

쿠르트가 없었다면 오늘의 나도 없었을 거라고 감히 말할 수 있다. 나는 친구 덕분에 살아남았다. 우리는 이렇게 서로를 보살펴주었다. 한 사람이 부상을 입거나 너무 아파 일을 나가지 못하면, 다른 한 명이 먹을 것을 구해오고 필요한 일을 처리했다. 우리는 살아갈 수 있도록 마음을 다해 서로를 돌봤다. 아우슈비츠에 들어온 수감자의 평균 생존 기간은 일곱 달 정도였다. 쿠르트가 없었다면, 그렇게 오랜 기간의 절반도 버티지 못했을 것이다. 한번은 내가 목이 아플 때 친구가 자신의 스카프를 반으로 잘라 내게 주었고, 그 덕분에 회복된 적도 있다. 사람들은 똑같은 스카프를 맨 우리를 보고 형제일 거라고 추측했다. 우리는 그만큼 가까웠다.

매일 아침잠에서 깨어나면, 일하러 가기 전에 주변을 함께 걸으며 영혼이 사그라지지 않도록 이야기를 주고받았다. 또한 변소 벽에서 벽돌을 한 장 떼어내 그 뒤에 비누, 치약, 누더기 조각 등 서로를 위한 작은 선물을 숨겨두기도 했다.

히틀러가 만든 극도로 비인간적인 공간에서 살아가기 위해서는 이렇게 우정을 나누면서 서로의 존재에 감사하는 순간이 반드시 필요했다. 많은 사람들이 삶을 이어 나가는 대신 자신의 생을 스스로 마감하는 길을 택했다. 이런 일이 너무 자주 일어나자 '철조망으로 가다'라는 표현까지 생겨날 지경이었다. 아우슈비츠 Ⅱ-비르케나우는 훨씬 더 큰 아우슈비츠 수용소 단지의 일부로, 전류가 흐르는 가시 돋친 철조망으로 둘러싸여 있었다. 이 철조망에 손만 대면 확실히 죽음은 보장되어 있었다. 이 때문에 사람을 죽이는 만족감을 나치 간수에게 내어주지 않고 생을 마감하려는 사람들이 달려가 철조망을 움켜쥐곤 했다. 나와 가까이 지내던 친구 둘도 이렇게 세상을 떠났다. 이들은 벌거벗은 채로 달려가 두 손으로 철조망을 움켜잡았다. 이들을 비난할 수도 없었다. 나 또한 차라리 죽는 게 낫겠다는 생각을 수도 없이 하고 또 했으므로.

우리는 추위와 굶주림에 시달렸고, 병을 달고 살았다. 나도 쿠르트에게 수없이 이렇게 말하곤 했다.

"쿠르트, 우리도 가자. 내일도 괴로울 텐데 살아서 뭐하겠어."

하지만 쿠르트는 완강했다. 절대로 내가 철조망으로 가게 내버려두지 않았다.

지금까지 살면서 알게 된 가장 중요한 깨달음은 바로 이것이다. 그것은 바로 누군가의 사랑을 받는 것이 우리가 누릴 수 있는 최고의 가치라는 것이다.

특히, 이 책을 읽고 있는 젊은 친구들에게 나는 몇 번이라도 강조해서 이야기하고 싶다. 우정이 없으면, 인간은 길을 잃고 방황한다. 친구는 우리가 살아 있다는 걸 일깨워주는 너무나 소중한 존재다.

아우슈비츠는 상상조차 할 수 없는 공포가 난무하던 생지옥이었다. 그럼에도 나는 친구 덕분에 살아남았다. 순간순간 그리고 하루하루, 쿠르트를 다시 볼 수 있다는 희망으로 버텼다. 좋은 친구가 단 한 사람이라도 옆에 있으면 이 세상은 전혀 새로운 의미를 갖는다. 좋은 친구 한 명이 있다는 것은 온 세상을 얻은 것과 같다. 이것은 친구와 내가 나눈 음식이나 따뜻한 옷과 약, 그 이상을 의미한다. 사람의 영혼에 최고의 위안은 우정이다. 우정이 있었기에 나는 불가능한 생존을 이어 나갈 수 있었다.

|||| **7장** ||||

교육이 사람을 살린다

❖

두 번째로 배정된 작업반에서 나는 탄광 인부로 일했다. 처음 멩겔레가 선별을 지시했을 때 시키는 대로 하지 않은 데 대한 벌을 받은 건지, 아니면 내가 아직은 힘을 쓸 것 같아 보여서인지는 모르지만, 지하 갱도 깊숙한 곳으로 들어가 석탄을 캐야 했다. 일곱 명이 한 팀을 이뤄 일했는데, 한 명이 착암기로 석탄을 부수면 나머지 여섯 명이 조각난 석탄을 수레에 실어 지상으로 끌어 올려야 했다. 등뼈가 휠 정도로 힘든, 매우 고된 일이었고, 허리를 펴고 설 공간조차 없어 어딜 가든 몸을 구부리고 다녀야 했다. 우리는 새벽 여섯 시부터 저녁 여섯 시까지 일하는 동안 수레 여섯 대를 석탄으로 가득 채워야 했다. 하지만 너무 힘들게 일하다 보니 늘 쉴 틈을 엿볼 수밖에 없었다. 온 힘을 다해 오후 두 시 무렵까지 할당량을 채우고 나면, 지옥 같은 막사의 벌집 같은 침상으로 돌아가기 전에 몇 시간 동안 눈을 붙일 수 있었다. 우리는 수레 여섯 대를 석탄으로 채운 뒤에 등을 끄고 누워 잠을 자곤 했다.

그러던 어느 날 오후, 잠에서 깨어보니 나치만큼이나 우리를 미워하고 괴롭혔던 폴란드 기독교인 작업반이 우리 수레를 훔쳐가버리고 그 대신 자기들의 텅 빈 수레를 갖다 놓은 게 아닌가. 그들은 이 일로 우리가 벌받는 걸 보고 즐기는 것 같았다. 나는 정말 참을 수가 없었다. 탄광을 떠날 때 우리는 줄지어 걸으며 모자를 벗어 나치 간수에게 경의를 표해야 했다. 나는 무슨 일이 있었는지 알리려고 대열을 벗어나 나치 간수를 향해 걸어갔다. 그는 대열로 돌아가라고 고함을 쳤고, 내가 자초지종을 말하려는 순간 주먹을 날려 내 입을 막았다. 그자가 여러 차례 휘두른 주먹 중 한 방이 내 한쪽 귀를 정통으로 강타했고, 그 일로 한동안 고막에서 피가 흘러내렸다.

그 일이 있은 지 얼마 안 돼, 나는 처음으로 수용소 소장실로 불려 들어갔다. 소장이 무슨 일이 있었느냐고 물었고, 나는 다른 작업반에서 석탄 수레를 훔쳐간 일과 나치 간수에게 맞은 일에 대해 털어놓았다.

"우리를 다 죽이고 싶으세요? 그럼 지금 당장 총으로 쏴서 다 끝내버리세요. 하긴 안 그래도 한두 달 뒤면 다 죽을 겁니다. 허리가 휘도록 힘들게 일한 걸 이렇게 다 훔쳐가버리면요."

나는 쫓겨나듯 소장실에서 나왔다. 하지만 그 이후부터 폴란드 기독교인들은 더 이상 우리 작업반에 얼씬거리지 않았다. 모두들 나를 포옹하며 고맙다고 했지만, 나는 나치 간수에게 세게 얻어맞은 뒤로 몇 달 동안 몸 상태가 좋지 않았다. 심한 두통에 시달렸고 오랫동안 시야가 뿌옇게 보였다. 그렇지만 나 자신은 물론, 탄광에서 함께 일하는 사람들의 권리를 지켰다는 사실은 뿌듯했다. 나는 부상을 입었지만, 같은 작업반 사람들의 삶은 그날부터 조금은 수월해졌다. 이제 조금이나마 공정해진 느낌이었다.

그러고 나서 얼마 되지 않아 새로운 작업반에 배치될 거라는 통보와 함께 '인테레센게마인샤프트 파르벤인더스트리 AG Interessengemeinschaft Farbenindustrie AG' 또는 'IG 파르벤 IG Farben' 이라는 화학 및 약학 복합 기업 대표와 함께 어느 회의에 소집되었다. 수용소를 감독하는 나치 친위대 중 한 명이 내가 기계 및 정밀 기계공학 전문가라는 사실을 알게 되었고, 이에 따라 나를 '경제적으로 필요 불가결한' 유대인으로 분류했기 때문이었다. 이자들은 모든 것에 특별한 명칭을 붙였다.

일할 수 있는 한 그리고 독일에 이익이 되는 한, 목숨을 부지할 수 있었다. 나는 가스실 앞까지 끌려갔다 입구 바로 앞에서, 간수가 내 이름과 숫자 그리고 직업을 보고 "172338번은 데려가!"라고 소리쳐 살아남은 경우를 세 번이나 겪었다. 자그마치 세 차례나!

그럴 때마다 내 목숨을 지켜주는 기술을 공부하게 해준 아버지에게 말없이 감사드렸다. 아버지는 늘 일의 중요성을 강조했다. 일하는 것이야말로 인간이 세상에 기여하는 방법이며, 사회가 제대로 돌아가도록 각자 제 역할을 하는 것이 중요하다고. 그뿐 아니라 아버지는 이 세상이 돌아가는 기본적인 원리에 대해서도 자주 이야기했는데, 그중 하나는 사회라는 조직이 늘 바람직한 방향으로 흘러가는 건 아니라는 내용이었다.

독일 사회는 아버지의 말씀처럼 이미 전체적으로 어긋나버렸지만, 각 부분은 여전히 제 기능을 했고, 내가 세상에 꼭 필요한 능력을 갖고 있는 한 안전을 보장받을 수 있었다.

나는 결국 IG 파르벤사의 기계공이 되었다. 이 기업은 유대인을 대상으로 한 최악의 범죄 집단 중 하나였다.

이 기업의 공장에서는 삼만 명 넘는 사람들이 강제 노역에 시달리며 가스실에서 백만 명 이상의 유대인을 살상한, '치클론B'라는 독가스를 제조했다. 그럼에도 어떤 면에서는 이 공장들에 감사한다. 아이러니하게도 이 공장들이 없었다면 우리도 살아남지 못했을 것이다. 백만 명이 훨씬 넘는 유대인이 아우슈비츠에서 목숨을 잃었다. 유대인에게 시킬 일이 없어서 학살을 멈출 명분이 전혀 없는 다른 수용소도 있었다. 하지만 이 공장 소유주들은 우리가 더 살아주길 바란 나머지, 계속 일할 수 있도록 비타민과 포도당 주사까지 놔주곤 했다. 우리가 건강해서 계속 일할 수 있어야 그들에게 이득이 되었기 때문이다.

물론 나치 친위대가 생각하는 우선순위는 달랐다. 그들은 그저 우리 모두를 말살시키고 싶어 했다. 이들은 가능한 한 많은 유대인을 죽이라는 지침을 받고 그대로 임무를 수행했다. 강제 수용소는 유대인의 영혼을 파괴하는 데서 그치지 않고 아예 절멸시키는 것이 목적이었다.

나치 친위대의 고위 관리들은 강제 노역을 '페르니히퉁 두르히 아르바이트Vernichtung durch Arbeit', 즉 '노동을 통한 말살'이라고 불렀다. 이들은 유대인을 한 명도 남김없이 없애려 했지만, 충분히 빨리 죽이지는 못했다. 수없이 총으로 쏘고, 칼로 찌르고, 죽도록 때리고, 가스실로 보내도, 매일매일 더 많은 유대인이 기차에 실려 수용소로 들어왔다.

한번은 수감자들이 반격을 가한 일도 있었다. 수감자 중 크루프Krupp. 철강, 무기 제조업을 하는 독일의 재벌 기업－옮긴이사에서 대포 만드는 일을 하는 여성들이 일터에서 폭발물을 몰래 빼돌려 수용소로 들여온 것이다. 수용소 안 소각로는 과열을 막기 위해 매일 두 시간씩 식혀야 했고, 소각로를 식히는 동안 이들이 몰래 안으로 들어가 폭발물을 설치했다. 인부들이 돌아와 불을 붙이는 순간 화장터가 폭발했고, 한 달 동안은 화장터도 가스실도 운영되지 않았다. 너무나도 통쾌한 일이 아닐 수 없었다. 연기도, 죽음의 악취도 없다니. 하지만 이후 나치는 훨씬 더 튼튼한 소각로를 지었고, 상황은 한층 더 악화되었다.

———

나는 IG 파르벤사의 작업장 감독으로, 독일군의 보급품을 생산하는 다양한 기계를 돌리는 고압 가스관 관리 임무를 맡았다. 가스관 압력 조절도 내 책임이었다. 만약 가스관 중 어느 하나라도 새면 교수형에 처한다고 쓰인 표지판을 목에 두르고 일해야 했다.

공장에는 기계가 이백 대도 넘었고, 기계마다 감시 인력이 배정되어 있었으며, 나는 그들 모두를 책임져야 했다. 기계를 돌아가게 하는 압력계를 수리할 수 있는 사람도 수용소 안에 나밖에 없었다. 하지만 혼자 그 많은 기계를 동시에 감독하는 건 불가능한 일이었다. 그래서 해결 방법을 짜냈다. 나는 호루라기 이백 개를 만들어서 공장의 모든 수감자들에게 하나씩 나눠주었다. 어떤 기계에서든 압력이 떨어지기 시작하면 이들이 호루라기를 불었고, 그러면 내가 달려가 기계를 수리했다. 탄약에서부터 화학품까지 온갖 것을 생산하는 수없이 다양한 기계가 있었지만, 그 공장은 기계 한 대가 멈춰 서면 나머지 기계가 다 멈추는 방식으로 설계되어 있었고, 그러면 나는 죽은 목숨이나 다름없었다. 물론 내가 그곳에서 일한 해에는 어떤 기계도 멈춰 서지 않았다. 단 한 번도.

게다가 기적 같은 일이 벌어졌다. 공장 안에서 일하는 수감자 이백 명 중 한 명이 내 여동생이었던 것이다! 동생은 선별 작업에서 살아남아 아우슈비츠의 여러 수용소 중 두 번째로 큰 아우슈비츠Ⅱ-비르케나우의 여성 막사에 수용되어 있었다. 동생을 처음으로 다시 본 순간, 너무나도 반가웠지만 동시에 마음이 찢어질 듯 아팠다. 희고 아름다운 피부, 부드러운 머릿결은 온데간데없이 사라지고 수척해진 몸에 짧게 깎인 머리, 축 늘어진 죄수복을 걸친 동생의 모습은 처참하기 짝이 없었다. 살아 있다는 사실이 기쁘기도 했지만, 얼마나 힘들게 지냈는지 느껴져서 참담했다. 열차에서 내리고 부모님이 돌아가신 날, 동생을 마지막으로 본 지 석 달 만이었다. 동생과 이야기를 나눌 수 없는 상황도 무척 견디기 힘들었다. 우리가 남매 사이라는 걸 아무도 알아서는 안 되었다. 우리 관계가 알려지면, 나치와 부역자들이 그 점을 악용할 게 뻔했기 때문이다. 내가 할 수 있는 건 고작해야 흘낏 쳐다보거나, 동생이 일하는 기계 옆을 지나며 한마디 건네는 정도가 전부였다. 동생을 안아줄 수도, 부모님에 대해 이야기할 수도, 위로의 말을 주고받을 수도 없었다.

동생은 건강에도 안 좋고 무척 위험한 작업장에서 일했다. 독일군에게 보낼 총알을 절단하는 일이었는데, 불꽃이 많이 튀어서 위험했다. 또 화재 위험을 줄이기 위해 냉장 물탱크에서 차가운 물이 흘러나오는 긴 수로 같은 데 들어가서 일했다. 하루 종일 얼음장같이 차가운 물속에 선 채로 일했던 것이다. 내 일도 힘겹긴 마찬가지였다. 가스관이 너무 많아 일일이 가보지 못하고 높은 탑 위로 기어올라가, 약간 더 올리라든가 조금 더 내리라든가 하는 지시를 내려야 했다. 눈 내리는 영하의 날씨에 죄수복만 입은 채 탑 위로 올라가면 견딜 수 없이 추웠다. 영하 28도인 날도 많았다.

하루는 일하다 깜빡 졸았는데 머리가 심하게 흔들려서 잠에서 깨어났다. 나치 간수가 날 깨우려고 돌을 던진 것이다. 돌에 맞은 머리에는 깊고 큰 상처가 났고, 당황해서 달려온 나치 간수는 내가 죽을까 봐 겁을 냈다. 나치 간수일지라도 '경제적으로 필요 불가결한' 유대인을 죽이면 곤란한 상황에 처할 수 있었다. 나치 간수는 지혈을 하려고 내 머리에 수건을 대고 눌렀고, 그런 다음 나를 차에 태워 어느 야전 병원으로 데려갔다. 결국 열여섯 바늘을 꿰매야 했다. 병원에 들어가다 어느 신경외과 의사가 나치 고위 장교의 머리에서 총알 제거 수술을 하고 있는 방을 지나게 되었다. 나는 그 의사가 사용하는 기계의 이름을 대며 그 기계를 수리할 수 있다고 외쳤다. 병원에 간 지 나흘째 아직 상처를 회복 중일 때, 그 의사가 나를 찾아왔다. 그는 노이베르트 교수였고, 탁월한 신경외과 의사이자 나치 친위대의 고위 간부였다. 노이베르트 교수는 나에게 물었다.

"그 기계가 뭔지 어떻게 알고 있지?"

"제가 그 기계를 만들어봤습니다."

내가 대답했다.

"더 만들 수 있나?"

"지금 제가 일하는 작업반에서는 안 됩니다. 그렇지만 만들 수 있습니다."

노이베르트 교수는 신경외과 수술에 사용되는, 아주 특수

한 수술대 제작을 내게 맡겼다. 나는 석 달 동안 새로운 작업반에 파견되어 그 수술대를 설계하고 만드는 일을 했다.

모든 면에서 그러했듯, 일과 교육의 중요성을 강조한 점에서도 아버지가 옳았다. 나는 내가 받은 교육 덕분에 살아남을 수 있었다. 그 전에도 여러 번 그리고 그 후에도 여러 차례 그 덕분에 죽을 고비를 넘긴 것이다.

||||| **8장** |||||

인간성을 잃으면
모든 것을 잃는다

❖

내가 나치에 대해 배운 것 중 하나는 이것이다. 나치 체제에서 독일인들은 나약했고 쉽게 조종당한 것이지 즉시 사악한 인간으로 전락한 건 아니라는 것이다. 그러나 이 나약한 자들은 서서히 그렇지만 확실하게 모든 도덕성을 잃어갔다. 그리고 곧 인간성마저 잃어버렸다. 이들은 다른 사람을 고문하고 나서 아무렇지도 않게 집으로 돌아가 아내와 아이들의 얼굴을 마주할 수 있는 인간이 되어갔다. 나는 이런 자들이 어머니 품에서 떼어낸 어린아이들의 머리를 벽에 후려치는 광경을 목격했다. 이런 짓을 하고 나서도 음식이 목으로 넘어가고 잠이 오는 것인지 도무지 이해가 가지 않았다.

나치 친위대는 재미 삼아 우리를 때리기도 했다. 이자들은 끝이 뾰족한 무쇠 앞닫이가 달린 특수 군화를 신었는데 누군가 앞을 지나가면 그의 둔부에서 다리로 이어지는 연한 살 부위를 정확히 그리고 최대한 세게 군화발로 가격하며, "빨리! 빨리!"라며 고함을 치곤 했다. 다른 인간을 괴롭힌다는 가학적 즐거움 말고는 아무 이유도 없는 짓을 하는 것이다. 이렇게 해서 생긴 상처는 매우 깊고 아팠으며, 먹을 것도 제대로 못 먹고 쉴 곳도 없는 상황이라 잘 낫지 않았다. 상처 부위를 누더기로 막고 피가 멎기를 기다리는 수밖에 할 수 있는 건 아무것도 없었다.

한번은 혼자 있는 독일 병사와 맞닥뜨린 일이 있었다. 그자는 서두르라고 외치며 나를 때리고 발로 찼다. 그때 내가 멈춰 서서 그자의 눈을 똑바로 응시하며 이렇게 물었다.

"당신은 영혼이 있나요? 마음이라는 게 있나요? 왜 날 때리는 겁니까? 나랑 자리를 바꿔볼까요? 내가 당신 옷을 입고 당신 음식을 먹고, 누가 더 열심히 일하는지 한번 볼까요?"

그러자 그자는 다시는 내 몸에 손대지 않았다. 그자도 혼자 있을 때는 그렇게 과감하지도 그렇게 괴물 같은 존재도 아니었던 것이다.

또 한번은 이런 일도 있었다. 수용소 안에서 어디론가 가고 있을 때, 어느 나치 친위대원이 나를 쳐서 코뼈를 부러뜨렸다. 왜 그러느냐고 물었더니, 그는 나에게 '유덴 훈트(Juden Hund)' 즉 '유대인 개'라서 그랬다며 다시 한 번 나를 쳤다.

그러나 그건 사실이 아니었다. 나치는 인간인 수감자들보다 개에게 훨씬 더 친절했다. 다른 대원들보다 훨씬 더 잔인해서 우리 모두가 두려워했던 어느 나치 여성 친위대원이 특히 그랬다. 그 여성 대원은 항상 순찰봉을 든 채 거대한 전투견인 저먼 셰퍼드를 가는 곳마다 데리고 다녔다.

그렇지만 개들에게는 너무 다정해서 늘 개를 '마인 리플링(Mein liebling)', 즉 '내 사랑'이라고 불렀다. 어느 날 아우슈비츠에 수감된 한 어린아이가 내게 이런 말을 한 적이 있다. 나치가 개에게 너무 잘해주니, 나중에 커서 개가 되고 싶다는 것이었다.

어느 날 아침, 우리 열 명이 제정신을 잃지 않기 위해 농담을 하며 줄을 지어 일터로 걸어가고 있을 때였다. 몇 명이 웃는 걸 본 이 나치 여성 대원이 다가와 뭐가 그렇게 우습냐고 물었다.

"우습다는 게 무슨 뜻인가요? 아우슈비츠에는 웃을 일이 없습니다."

내가 이렇게 반문했다.

그 대원은 몹시 화를 내며 나를 때리려고 팔을 높이 치켜들었다. 하지만 내가 몸을 살짝 피해 얼굴이 아닌 가슴을 맞았다. 수용소에 몰래 들여온 치약을 웃옷 속에 숨기고 있지 않았던들 큰 문제 될 게 없는 상황이었다. 그러나 여성 대원이 나를 치는 순간 치약이 사방으로 튀었고, 그러자 일행이 더 큰 웃음을 터뜨렸다. 그러자 여성 대원은 당황했고, 확실한 앙갚음을 했다.

이 사건으로 나는 등에 채찍을 일곱 번 맞는 벌을 받았다. 다리를 동여맨 채 말뚝에 거꾸로 묶인 나를 건장한 남자 둘이 번갈아서 채찍질했다. 세 번째로 맞았을 때, 살갗이 터지며 피가 튀기 시작했다. 감염될 수 있는 처참한 상처였지만, 붕대를 얻거나 도움을 받으러 갈 만한 곳이 아무 데도 없었다. 정말 아무 데도.

그런 다음 발가벗긴 채 쇠창살 우리에 갇혀 사람들이 지나다니는 길가에 세 시간 동안 서 있어야 했다. 너무 춥고 기진맥진해 휘청거리다 쓰러질 때마다 쇠창살에 붙어 있는 가시에 몸을 찔렸고, 그러면 소스라치게 놀라며 정신을 차렸다. 그 이후로 3주 동안 등이 성치 않아 밤새도록 어슬렁거리며 걷거나, 등을 다른 사람 등에 기댄 채 앉아서 자야 했다. 그 사람이 잠에서 깨 몸을 움직이면, 나도 쓰러지며 잠을 깨 등을 대줄 다른 사람을 찾아야 했다.

동족에게 등을 돌린 수감자, 우리를 감시하는 대가로 나치가 내리는 특별한 혜택을 받는 부역자인 비열한 카포kapo, 나치에 적극적으로 협력한 유대인 부역자―옮긴이도 있었다. 우리를 담당한 카포는 오스트리아에서 온 유대인으로, 많은 사람을 가스실로 보낸 대가로 나치에게서 술과 담배 그리고 따뜻하고 좋은 옷을 받은, 정말 극악무도한 인간이었다. 그자는 자기 사촌까지 소각로로 보냈다. 정말이지 짐승만도 못한 놈이었다.

어느 날 그자가 순찰을 돌다, 헝가리에서 온 노인 여섯 명이 일하다 잠시 짬을 내 석유 코크스로 불을 피운 통 옆에서 손을 녹이는 걸 봤다. 날이 너무 추운데다 장갑도 없어 손가락을 제대로 움직이려면 가끔 이렇게 하는 수밖에 없었다. 그런데도 그자는 노인들의 이름을 채찍질할 대상에 올렸다.

나는 전에 채찍질을 당해본 적이 있어서 아무래도 그 노인들이 살아남지 못할 것 같아, 차라리 나를 채찍질하라고 소리쳤다. 그렇지만 그자는 내가 경제적인 가치가 있는 유대인임을, 따라서 내가 심하게 다치면 자신이 곤란해진다는 걸 알고 있었다. 결국 그자는 노인들을 채찍질한 뒤 살해했다. 이 노인들에 대해서는 보고할 필요도 없었다. 단지 탐욕 때문에 그렇게 한 것이다. 정말이지 비인간적인 만행이 아닐 수 없다.

이런 만행을 지켜보면서, 나는 이전보다 더욱 결연하게 인간성을 잃지 말자고 다짐했다. 물론 쉽지는 않았다. 굶주림이 나를 내버려두지 않았다. 허기는 체력을 바닥내는 것만큼이나 빨리 도덕성을 무너뜨렸다. 일요일인 어느 날, 내 몫의 빵을 받아 침상에 올려놓고 잠시 수프를 받으러 간 일이 있었다. 그런데 돌아와보니, 빵이 사라지고 없었다. 같은 막사에 있는, 어쩌면 같은 침상을 쓰는 누군가가 내 빵을 훔쳐간 것이다. 빵이 없어진 건 당연한 일이라고 말하는 사람도 있을 것이다. 그게 생존하는 방법이라고. 하지만 나는 그런 말에 동의하지 않는다. 아우슈비츠는 적응하는 자만이 살아남는 곳이지만, 다른 사람을 희생시키면서까지 그래서는 안 된다. 나는 인간이 지켜야 할 도리를 한 번도 저버린 적이 없다. 살아남기 위해 사악한 인간이 되어야 한다면, 살아도 무슨 의미가 있겠는가. 나는 단 한 번도 다른 수감자를 아프게 한 일도, 다른 사람의 빵을 훔친 일도 없다. 내가 할 수 있는 한 최선을 다해 동료를 도울 뿐이었다.

먹을 것이 충분하지 않다는 건 안다. 그래도 도덕성을 잃으면 치료약이 없다. 도덕성을 버리는 순간 모든 것을 잃는다.

―――――

자신의 의지에 반해 나치가 시키는 대로 할 수밖에 없는 평범한 사람도 많이 있었다. 언젠가 공장에서 일하고 있을 때, 나치 간수 한 명이 다가와 화장실에 가는 시간이 언제냐고 물은 적이 있다. 잠시 후 화장실에 다녀오니, 오트밀 통조림과 우유가 선반 위에서 나를 기다리고 있었다. 양이 많지는 않았지만, 이런 일이 생기면 아직은 세상에 좋은 사람들이 많다는 생각이 들었고 힘이 났다. 그러나 이렇게 선한 사람들도 쉽게 속마음을 드러낼 수는 없었다. 괜히 도와줬다가 오히려 다칠 수도 있는 무서운 시대였다. 유대인을 돕다 적발되면 독일인일지라도 무사하지 못했다. 박해하는 자들이 박해받는 자들만큼이나 두려움에 떠는 것. 이것이 바로 모든 사람을 희생자로 만드는 파시즘 체제의 실상이다.

IG 파르벤사에서 수감자들에게 나눠줄 음식을 운반했던 사람이 특히 기억에 남는다. 그 사람의 이름은 크라우스였고, 우리는 여러 달이 지나면서 점점 더 서로를 잘 알게 되었고 친구가 되었다.

그는 나치가 아닌 민간인이었는데 기회가 있을 때마다 나에게 약간의 음식을 몰래 갖다 주곤 했다. 그들은 차에 먹을 것을 싣고 들어와, 작은 깡통 컵을 들고 줄지어 서 있는 우리에게 큰 통에 담긴 귀리죽을 나눠준 다음 빈 통을 싣고 떠났다. 음식은 형편없었지만, 음식을 조금 더 먹을 때마다 목숨을 이어 갈 힘을 얻었다.

한번은 크라우스가 나를 따로 부르더니 탈출시켜 주겠다고 말했다. 그는 음식 통을 운반하는 운전사를 시켜 통 하나에 노란 선을 큼직하게 그어놓았다고 했다. 그리고 그 통을 특별히 개조해 안에 쇠사슬을 부착했다는 것이다. 통이 비면, 내가 통 속으로 기어 들어가 쇠사슬을 세게 당겨 뚜껑을 닫으면 되었다. 그런 다음 운전사가 그 통을 트럭 맨 뒤 왼쪽 구석에 싣고 수용소를 떠나, 해변 가까운 지점에 이르면, 휘파람을 부는 것이다. 그것은 아우슈비츠와 내가 일하는 공장의 중간 지점쯤에 도착했다고 알리는 신호였다. 그러면 트럭이 길 모퉁이를 돌 때 내가 체중을 이용해 통을 굴려 트럭에서 떨어지면 되었다.

우리는 이 탈출 계획을 아주 철두철미하게 세웠다. 드디어 약속한 그날이 왔고, 나는 매우 불안하면서도 흥분되는 심정으로 빈 통 속으로 기어 들어갔다. 그러고는 호흡을 가다듬고 빈 통이 트럭에 실릴 때 소리가 나지 않도록 목숨이 달린 쇠사슬을 온 힘을 다해 움켜잡았다. 트럭이 출발하는 소리가 들리더니 달리는 차체의 움직임이 느껴졌고, 빨리 달리는가 싶더니 이내 운전사의 휘파람 소리가 들려왔다. 바로 이것이 통 한쪽으로 몸을 던져 트럭에서 굴러 떨어지라는 신호였다.

통을 굴려 바닥으로 떨어지니 내리막길을 따라 계속 구르기 시작했다. 통은 나를 안에 실은 채 터빈처럼 구르고 또 굴렀다. 그러다 점점 더 빨리 굴렀고, 나는 온 힘을 다해 쇠줄을 붙잡았다. 그러다 마침내 나무에 부딪치며 통이 갑자기 멈춰 섰다. 숨이 차고 몸에 멍이 조금 들었지만, 다른 곳은 멀쩡했다. 이제 자유였다! 친구와 세운 계획은 완벽하게 실현되었다. 한 가지만 빼고. 밖으로 탈출할 수 있다는 생각에 너무 흥분해서 계획을 짜느라 내가 아직 아우슈비츠 강제 수용소의 죄수복을 입고 팔에 문신이 되어 있으며, 등에도 20센티미터 크기로 같은 숫자가 새겨져 있다는 사실을 깜빡한 것이다. 이런 몰골로 어디를 갈 수 있단 말인가? 게다가 곧 해가 지면 끔찍하게 추워질 텐데 나에게는 외투도 없었다. 공장에 도착해 일을 시작하기 전에 외투를 벗어 걸어둔 터라 죄수복만 입은 상태였다. 어디선가 도움을 받아야 했다.

나는 한동안 숲속을 걸었고, 결국 멀리 외딴 곳에 있는 집한 채를 발견했다. 굴뚝에서 연기가 피어오르고 있었다. 나는 그 집으로 다가가 문을 두드렸고, 어떤 폴란드 남자가 문을 열었다. 독일어와 프랑스어뿐 폴란드어는 한 마디도 할줄 몰랐지만, 이 두 언어로 겉옷이 필요하다며 도와달라고 간청했다. 남자는 나를 쳐다보다 말 한 마디 없이 몸을 돌려 집안 통로로 걸어 들어갔다. 양쪽에 방이 있는 긴 통로였다. 남자는 제일 끝 방으로 들어갔고, 나는 도움을 받을 수 있을 거라 여기며 마음을 놓고 기다렸다.

하지만 돌아온 남자는 겉옷이 아니라 소총을 들고 있었다. 남자가 나를 겨눴고, 나는 몸을 돌려 달아나기 시작했다. 그는 나를 향해 총을 쏘기 시작했다. 나는 총알을 피해 미친 듯이 지그재그로 달려야 했다. 남자는 한 발, 두 발, 세 발, 그러고도 총을 더 쐈고, 여섯 번째 총알이 내 왼쪽 종아리 근육에 박혔다. 나는 비명을 지르며 간신히 도망쳤다. 잠시 후 입고 있던 윗옷을 찢어 총 맞은 곳을 지혈하며 어떻게 해야 할지를 생각해봤다.

이 지역 폴란드인들이 독일인처럼 우리를 적대시한다면, 결코 살아남을 수 없을 거라는 현실을 소름끼치는 공포 속에서 깨달았다. 그때 내가 할 수 있는 선택은 단 한 가지, 다시 아우슈비츠로 숨어 들어가는 것뿐이었다.

나는 절망적인 심정으로 절룩거리며 다시 산을 넘었고, IG 파르벤사 공장에서 일을 마치고 돌아가는 마지막 근무조가 오는 길 쪽으로 갔다. 내가 세운 계획은 이러했다. 수감자들이 돌아올 때는 수백 명이 행진하는 소리와 나치 간수의 고함 소리, 개 짖는 소리 등으로 몹시 소란스러웠다.

길 한쪽에 숨어 있다 이 틈을 이용해 그 대열에 몰래 끼어

들 작정이었다. 결국 계획은 성공했고, 나는 마지막 근무조무리에 섞여서 다시 아우슈비츠로, 낯익은 막사로 돌아갔다. 나치 간수는 내가 사라졌다 돌아왔다는 걸 전혀 눈치채지 못했다. 탈출을 추억할 유일한 증거는 다리 근육에 박힌 폴란드제 총알뿐이었다.

그 폴란드 남자를 증오하느냐고? 아니, 난 아무도 증오하지 않는다. 그 남자는 나약했을 뿐이다. 아마도 나와 똑같이 겁을 먹었을 것이다. 두려움이 도덕성을 압도하도록 내버려뒀을 뿐이다. 나는 이 세상에 잔인한 사람이 있는 만큼 친절한 사람도 많이 있다는 것을 안다. 이렇게 지옥 같은 아우슈비츠에서도 나는 친절한 사람들의 도움으로 하루하루를 무사히 넘겼다.

9장

세상에서 가장 훌륭한 기계는
사람의 몸

❖

나는 수용소로 돌아오자마자 서둘러 의사인 킹데르망을 찾

았다. 니스^{Nice, 프랑스 동남부에 있는 지중해에 면한 항구 도시 - 옮긴이}에서 온 나

이 많은 신사인 그분과 가깝게 지냈으므로.

"킹데르망 선생님, 다리에 총알이 박혔어요. 죄송하지만

총알 좀 제거해주실 수 있나요?"

내가 나지막이 물었다.

나는 14번 건물에, 킹데르망은 29번 건물에 있었다. 그분

은 그날 밤 16번 건물 변소에서 만나자고 했다. 그곳은 문

이 달린 유일한 변소로, 총알을 제거하는 외과 수술을 하기

그나마 적당한 장소였다. 문에 잠금장치가 없어 킹데르망이 수술하는 동안 내가 문을 꽉 잡고 있어야 했다. 그분은 작은 칼처럼 생긴, 상아로 만든 편지 개봉용 칼을 겨우 구해왔을 뿐, 다른 도구는 아무것도 없는 상태였다. 킹데르망은 숨이 넘어갈 만큼 아플 거라고 예고했고, 우리에게는 그나마 대책이 있었다. 아우슈비츠 수용소 인근 16번 건물에서 멀지 않은 곳에 가톨릭 수녀원이 있었고, 매일 밤 이곳에서 커다란 종소리가 울려 퍼졌다. 그날 밤, 우리는 종소리가 수용소 안에 울려 퍼져 고통에 찬 신음 소리를 덮어주기를 바라며 수술을 시작했다. 킹데르망의 말처럼 지독하게 아팠다! 그래도 그분은 칼을 딱 한 번 깊게 찔러 내 다리에서 총알을 빼냈다. 그러고는 침을 살균제로 이용하라고 조언해주었다. 비누도, 뜨거운 물도 없는 상황이라 상처를 닦아낼 방법은 그것뿐이었다. 매일 밤 그분은 나를 변소로 불러내 상처 소독을 도와주었고, 결국 석 달 만에 상처는 아물었다. 흉터가 지금도 남아 있긴 하지만, 그분 덕분에 목숨을 건진 셈이다.

이런 말을 하게 되어 정말 슬프지만, 전쟁이 끝난 뒤 킹데르망을 수소문해 찾다 그분이 세상을 떠났다는 걸 알게 되었다. 그날 밤 생명을 구해준 그분은 외과 수술만큼이나 값진 충고를 나에게 해주었다.

"에디, 살고 싶다면 일 끝나고 돌아오는 대로 그냥 누워 있어요. 한 시간 쉬면 이틀은 더 살 수 있어요."

어떤 사람들은 막사로 돌아오면 사방을 돌아다니곤 했다. 남은 음식을 찾아다니기도 하고, 가족이나 친구를 만나러 다니기도 했다. 가끔 사랑하는 사람을 만나는 경우도 있지만, 남은 음식은 어디에도 없었다. 그렇게 여기저기 쏘다니는 것은 소중한 에너지를 허비하는 일이었다. 나는 킹데르망의 조언대로 가능한 한 기운을 아껴두었다. 돌아다니느라 쓰는 모든 칼로리는 체온을 유지하고, 상처를 회복하고, 생명을 유지하는 데 사용될 칼로리라는 걸 알고 있었으므로. 하루에 한 번 몸을 유지하는 데에만 집중했던 그 시간은 아우슈비츠에서 나를 살아남게 해준 최고의 방법이었다. 살려는 의지, 또 하루를 살아남으려면 어떻게 해야 하는가를 제외한 다른 모든 것을 차단하지 못하면, 목숨을 부지하기 힘들었다. 예전에 누리던 생활과 돈, 가족 등 잃어버린 것을 한탄하며 시간을 보낸 사람들도 살아남지 못했다. 아우슈비츠에는 과거도 미래도 없었다. 오직 생존만이 있을 뿐이었다. 생지옥에서 살아가는 이 두렵고 낯선 상황에 적응하지 못한 사람들은 전부 살아남지 못했다.

　어느 날 헝가리인을 태운 수송 차량이 도착했는데, 그들은 배급받은 식량을 아껴두기로 한 것 같았다. 배급받은 빵을 잘라, 절반은 먹고 절반은 종이에 싸서 숨겨두는 것이었다. 그런데 이걸 본 우리는 화가 치밀어 올랐다. 이들은 자신들이 하는 짓이 어떤 비극을 불러일으킬지는 짐작도 하지 못하는 것 같았다.

　만일 나치가 그걸 발견하기라도 하면 일단 빵을 숨겨둔 사람들을 마구 구타한 뒤에, 유대인들은 주는 음식도 다 먹지 못한다며 배급량을 줄일 핑계로 삼을 게 뻔했다. 이미 배급량은 건강을 유지하기에 턱없이 부족한 상태였다. 우리는 늘 배고픔에 시달렸고, 하루하루 여위어갔으며, 허기로 의식이 혼미할 지경이었다.

　나와 같은 침상을 쓴 어느 유대계 프랑스인은 전쟁 전에 주방장이었는데, 음식이 등장하는 악몽을 꾸곤 했다. 그는 잠꼬대로 볼로방vol-au-vent, 부풀어 오르게 구운 파이 껍질 안에 소스에 버무린 고기나 생선, 야채 등을 넣어 만든 요리 - 옮긴이, 필레미뇽filet mignon, 안심이나 등심 등 뼈가 없는 값비싼 부위의 쇠고기를 구운 요리 - 옮긴이, 바게트처럼 맛있는 온갖 프랑스 음식을 외쳐 부르곤 했다. 사람들은 개의치 않았지만, 나는 그렇지 못했다. 배가 고파 한밤중에 잠에서 깨어날 때마다 그가 외쳐 부르는 음식 이름을 듣는 것이 너무 힘들었기 때문이다.

참다못한 나는 결국 어느 날 밤 그를 흔들어 깨워 프랑스어로 경고하고 말았다.

"다시 한 번 페이스트리^{밀가루 반죽 사이에 유지를 넣어 결을 내 구운 빵 - 옮긴이} 얘기해봐. 내 손에 죽을 줄 알아!"

———

생존이 전부인 아우슈비츠에서 내가 살아남은 건 좋은 친구들이 있었기 때문이다. 무리를 해가며 나를 도와준 좋은 사람들의 친절과 우정이 없었다면, 나는 아마 한 달도 버티지 못했을 것이다. 매일 새벽 다섯 시면 인근 수녀원에서 기도 시간을 알리는 종소리가 울려 퍼졌고, 그러면 나는 쿠르트와 샤워실에서 만나 작은 비누를 나눠 쓰곤 했다. 우리 머리를 짧게 깎아줘서 이에 시달리지 않게 도와주는 이발사에게 한 달에 한 번 작은 빵을 한 조각씩 주기도 했다. 이렇듯 서

로의 생존에 도움이 된다면 우리는 할 수 있는 모든 것을 다
했다.

약 넉 달 동안 매일 아침 커피를 마신 적도 있었다. 그다지
맛있는 커피는 아니었고 화학적으로 만든 커피 유사 음료
같은 것이었는데, 처음에 우리는 그 음료를 미친 듯이 마셔
댔다. 그러던 어느 날 컵 안에서 이상한 냄새가 나는 것 같아
주방으로 가서 이 일을 맡은 유대인 동료에게 물었다.

"커피 안에 뭘 넣은 거야?"

"브롬화물 bromide."

동료가 대답했다. 브롬화물은 젊은 남자의 성 충동을 억
제하는 데 쓰이는 화학 물질이었다. 열 명에게 효과를 내는
데 반 컵이면 족했다.

"대체 얼마나 넣은 거야?"

"말도 마! 깡통을 따서 다 들이부어!"

동료가 대답했다. 백 명을 화학적으로 거세하기에 충분한
양이었다! 쿠르트와 나는 그 사실을 알게 된 이후 더 이상 커
피를 마시지 않았다. 그래서 내게 지금 가족이 있는 것이다.
이스라엘에 있는 친구 한 명은 살아남긴 했지만, 이 커피를
너무 많이 마셔서 생식기가 파괴되는 바람에 평생 아이를

갖지 못했다.

　우리는 하루하루 쇠약해져 갔다. 그러면서도 너무 약해져 일할 수 없게 되는 순간, 즉시 목숨을 잃는다는 사실도 잘 알고 있었다. 정기적으로 의사가 막사를 방문해 우리를 검진하고 이가 있는지 살폈다. 의사는 우리 중 한 사람의 윗옷을 벗겨 이가 있는지 검사했다. 이가 한 마리라도 나오면, 그 숙소를 밀폐한 뒤 독가스를 살포해 우리 모두를 죽일 수도 있었다. 당시 막사 안 모든 수감자들에게는 이가 우글거렸기 때문에 이 검진 시간은 공포 그 자체였다. 정기 검진이 있는 날 아침이면, 우리는 가장 깨끗한 옷을 입은 사람을 한 명 골라 옷에 있는 이를 모조리 잡은 뒤에 그 사람을 의사 앞으로 보내 검사를 통과하곤 했다.

　하지만 체중 검사는 어떻게 해볼 도리가 없었다. 한 달에 한 번 의사가 우리를 한 줄로 세운 다음 둔부를 검사했다. 의사는 엉덩이에 비축되어 있는 지방이 얼마나 빠졌는지를 살폈다. 엉덩이 살이 축 늘어져 있으면, 더 이상 쓸모없는 사람으로 분류되어 가스실로 보내졌다. 매달 많은 사람들이 이런 이유로 죽어나갔으므로, 모두가 두려움에 떨며 지낼 수밖에 없었다.

이런 검사가 끝나면 나는 쿠르트와 만나 아직 서로 살아 있다는 것을 확인했다. 한 달 한 달이 기적과 같았다. 몹시 아플 때도 우리 얼굴에는 살이 조금 붙어 있었으므로, 죽음의 위기를 가까스로 넘기곤 했다.

나는 인간의 몸과 그 역량에 여전히 경외심을 갖고 있다. 나는 정밀 기계 전문가로, 가장 복잡하고 정교한 기계를 만들며 오랜 세월을 보냈다. 그렇지만 인간의 몸 같은 기계는 결코 만들지 못할 것이다. 지구상에서 만들어진 최고의 기계는 단연코 인간의 몸이다. 연료를 태워 생명을 유지하고, 망가진 곳을 스스로 고치며, 필요한 모든 일을 해낸다.

오늘날 젊은 사람들이 자기 몸을 함부로 대하는 모습, 즉 담배를 피워대고, 술을 퍼마시고, 마약을 하면서 우리가 선물로 받은 이 멋진 기계를 스스로 망가뜨리는 것을 보면 정말 가슴이 아프다. 이런 사람들은 지구상에 존재하는 최고의 기계를 스스로 훼손하고 있는 것이며, 이는 엄청난 손실이 아닐 수 없다.

아우슈비츠에서는 매일 몸이 극단의 한계까지 내몰렸고, 혹사당하기만 했다. 굶주리고, 구타당하고, 추위에 시달리고, 부상을 입으면서. 그러나 내 몸은 나를 계속 움직이게 해주고, 생명을 유지해주었다. 게다가 이제 백 년도 넘는 오랜 세월 동안 여전히 나를 살아가게 해주고 있다. 이 얼마나 경탄할 만한 기계란 말인가!

————

당시에는 아우슈비츠에서 벌어진 의학적 범죄에 대해 아무것도 알려지지 않았다. 전쟁이 끝난 뒤 멩겔레와 그 휘하의 의사들이 사람들에게 저지른 잔혹하고 광기 어린 생체 실험이 만천하에 드러났다. 하지만 당시에 들을 수 있었던 건 소문뿐이었다. 수감자가 병이 나 병원으로 이송되면, 그 사람을 다시 보지 못할 가능성이 높았다.

한번은 간에 감염이 되어서 앓아누운 적이 있었다. 몸이 너무 허약해졌고 황달 증상으로 피부도 누렇게 변했다. 나는 어느 병동으로 이송되어 이 주일 동안 입원해 있었고, 쿠르트는 나를 몹시 걱정했다. 내가 치료는 받는지, 음식은 제대로 먹는지 궁금했는지 친구는 자기 몫의 저녁이었을 게 분명한 뜨거운 수프 한 그릇을 들고 나를 찾아왔다. 폭설이 퍼붓고 바람이 거세게 불어대며 눈보라가 휘몰아치는 날이었다. 친구를 보니 눈보라를 뚫고 나를 보러 오느라 고생한 흔적이 역력했다. 그런데 친구의 뒤에는 나치 대원 한 명이 따라붙어 있었다.

나는 쿠르트에게 뒤를 돌아보라고, 조심하라고 신호를 보내려 애썼지만, 친구는 내 신호를 알아채지 못했다. 그래서 친구가 맞는 걸 속절없이 바라보는 수밖에 없었다. 그 나치 대원은 수프 그릇을 빼앗아 그것으로 쿠르트의 머리를 후려쳤고, 친구는 얼굴에 심한 화상을 입었다.

가엾은 쿠르트. 우리는 그의 얼굴을 눈으로 차갑게 식힌 다음, 황급히 가깝게 지내는 의사 킹데르망을 찾아갔다. 때마침 화상에 쓰는 연고와 붕대가 있어서 친구의 얼굴을 치료할 수 있었기에 망정이지, 하마터면 얼굴을 모두 망칠 뻔했다. 그분이 쿠르트를 살려준 것이다. 그분은 동생이 아플 때도 약을 구해주었다. 동생은 얼음같이 차가운 물속에서 몇 달 동안 일한 탓에 피부에 괴저가 생길 위기에 처했고, 그 부위에 특수한 주사를 맞아야 했다. 나는 수용소가 한적한 시간을 틈타 잠깐씩 은밀하게 동생을 만날 수 있었다. 아우슈비츠 수용소 한쪽 끝의 철조망 울타리가 아우슈비츠 II - 비르케나우 수용소와 이어져 있었고, 가끔 아주 운이 좋을 때면 우리는 그곳에서 만나 아주 잠깐 동안 울타리 너머로 이야기를 나누곤 했다. 오랜만에 동생을 바로 앞에서 볼 수 있었던 순간이었다.

||||| **10장** |||||

살아 있는 한
희망은 있다

❖

매일 아침 종이 울리면, 막사에서 나와 인원 점검을 받았다. 1945년 1월 18일 새벽 세 시에도 종소리를 듣고 일어나 인원 점검을 받았지만, 그날은 일하러 가지 않을 거라는 통보를 받았다. 그 대신 나치는 우리를 길로 내몰더니 독일을 위해 행진하라고 했다.

전세가 나치에 매우 불리하게 돌아가고 있었다. 러시아 군이 점점 진군해 20킬로미터 근방까지 와 있었던 것이다. 그러자 아우슈비츠를 운영하는 나치는 어쩔 줄 몰라 우왕 좌왕했다. 그자들은 우리에게 저지른 만행이 탄로 날까 봐 몹시 겁을 냈다. 아우슈비츠와 그 하위 수용소를 비우고 화장터를 폭파하라는 지시가 내려졌다. 그자들은 우리를 어떻게 해야 할지 몰라, 아우슈비츠에서 독일 영토 깊숙이 있는 다른 수용소까지 걸어가게 했다. 이 사건은 현재 아우슈비츠에서 일어난 '죽음의 행진'으로 전 세계에 알려져 있다. 이때 수감자 만 오천 명이 목숨을 잃었다. 어떤 사람들은 걷다 얼어 죽었고, 어떤 사람들은 기진맥진해서 쓰러져 죽었다. 누군가 쓰러지면, 나치는 이유 불문하고 그 자리에서 쓰러진 사람의 입에 총을 넣고 발사했다. 우리는 영원이라고 느껴질 만큼 오랜 시간 동안 눈발을 헤치며 걷고 또 걸었다. 밤새도록 나치가 우리를 처형하는 빵, 빵, 빵 하는 총소리를 들으며.

평생 살면서 이보다 더 힘들었던 때는 없었다. 기온은 영하 20도보다 낮았고, 먹을 음식도 마실 물도 없었다. 그런 상태에서 사흘을 걸었다. 하지만 내겐 쿠르트가 있었다. 우리는 글리비체_{Gleiwitz, 폴란드 남서부에 있는 공업, 항만 도시 - 옮긴이}라는 폴란드의 어느 도시에 도착해, 폴란드군이 쓰다 버린 건물 2층으로 들어갔다. 쿠르트가 이제 한 발짝도 더 못 걷겠다고 토하듯 말했다.

"에디, 난 이제 더 이상은 못 가겠어."

나는 절망에 빠졌다. 세상에서 제일 소중한 친구가 총에 맞는 것을 보고만 있을 수는 없었다. 그래서 쿠르트가 숨을 만한 곳을 필사적으로 찾아다녔다. 아래층, 샤워실 천장에 천장 덮개 같은 게 보였다. 사다리를 찾아 그곳을 열었다.

쿠르트가 숨을 만한지 천장 안을 들여다보다, 벌써 거기 숨어 있던 세 사람을 발견했다. 나는 그들을 보고 소스라치게 놀랐지만, 내가 나치인 줄 안 그들은 나를 보고 훨씬 더 놀랐다. 친구는 그곳으로 기어올라가 먼저 있던 사람들과 함께 숨었지만, 아직 입구가 훤히 드러나 있었다. 누군가 밖에서 가려줘야 했다. 나는 큼직한 나무판을 구해서 안에 있는 친구가 보이지 않게 입구를 가려주었다. 하지만 그 전에 쿠르트와 포옹하며 작별 인사를 나눴다. 친구가 살 아주 작은 가능성이라도 만들어줄 수 있다면, 나는 기꺼이 돌아가 죽음의 행진에 참여할 작정이었다. 내겐 살아야 한다는 의지가 있었다. 살아남아야 언젠가 쿠르트를 다시 만날 것이므로.

마침내 어느 기차역에 도착했고, 나치가 부헨발트로 가는 열차에 우리를 태우기 시작했다. 지붕 없는 열차 한 칸에 서른 명씩 탔고, 이내 얼어 죽을 것처럼 추워지기 시작했다. 수용소에서 준 얇은 죄수용 외투는 그런 맹추위엔 무용지물이었다. 그렇지만 우리 열차 칸에 탄 재단사에겐 생존하기 위한 복안이 있었다. 재단사는 우리 모두에게 외투를 벗으라고 했고, 서두르지 않고 차분하게 외투를 이어 붙이더니 커다란 담요 한 장을 만들었다. 우리는 발부터 집어넣고 머리만 내민 채 이 담요를 덮고 누워, 부헨발트에 도착할 때까지 사오 일을 견뎠다. 가히 천재적인 이 발명품 덕분에 온기를 유지해 살아남을 수 있었던 것이다.

담요 위로 눈이 내렸다. 여정이 끝날 무렵, 이렇게 만든 담요 위로 거의 0.5미터에 이르는 눈이 쌓였다. 목이 마르면, 손만 뻗어 눈을 한 움큼 움켜쥐면 되었다. 나치는 먹을 것을 주지 않았지만, 체코슬로바키아를 지날 때 여자들이 우리 열차를 따라 달리며 빵을 던져주곤 했다. 많은 양은 아니었다. 서른 명에 빵 한 덩어리뿐이었지만, 빵 한 입이라도 전혀 없는 것보다는 나았다. 나는 다시 한 번 세상에는 아직 좋은 사람들이 있다는 사실을 확인할 수 있었다.

그러자 마음속에서 조그마한 희망이 싹텄다. 희망이야말로 인간의 몸에 힘을 주는 강력한 연료였다. 인간의 몸은 유사 이래 만들어진 어떤 기계보다 뛰어나지만, 정신이 없다면 움직이지 못한다. 우리는 먹을 것 없이 몇 주, 물 없이도 며칠은 생존할 수 있지만, 희망이나 다른 인간에 대한 신뢰가 없다면 어떻게 될까? 우리 몸은 결국에는 망가져서 무너져 내리고 만다. 내가 살아남은 것도 마음속에 희망이 남아 있었기 때문이다. 그리고 서로를 돕는 마음 덕분에.

다른 열차 칸에는 이미 얼어 죽은 불쌍한 사람들의 시신이 가득했다. 나는 부헨발트에 도착해 이 시신들을 화장터로 옮기라는 지시를 받았고, 커다란 차바퀴를 단 나무 손수레에 얼어 죽은 시체를 열 명씩 실어 조심조심 옮겼다. 그런데 어떤 청년의 시체를 옮기려고 두 다리를 잡는 순간, 그가 갑자기 벌떡 일어나 앉더니 말을 하는 게 아닌가! 나는 너무 놀라 심장이 멎을 지경이었다. 청년은 프랑스어로 이렇게 애원했다.

"제발 부탁입니다. 제 옷 주머니에 든 사진을 꺼내 간직해주세요. 전 삼 주 전에 결혼했는데, 아내는 유대인이 아니에요.

제가 어떻게 되었는지 제발 아내에게 알려주시기 바랍니다."

나는 울고 말았다. 이제 겨우 스무 살 남짓 된, 아직 앳돼 보이는 청년이었다. 그는 이렇게 말한 뒤 기차에서 내리기도 전에 숨을 거두고 말았다. 나는 그의 말대로 시신의 옷 주머니에서 사진을 꺼냈다.

이렇게 해서 1938년 악몽이 시작될 때 처음으로 이송되었던 곳, 부헨발트 수용소로 다시 돌아왔다. 나치가 전열을 가다듬는 동안 우리는 거대한 격납고에 수용되었다. 그곳에서 탈출하는 것은 도저히 불가능했다. 사실 우리는 이미 죽은 목숨이나 다름없었다. 그곳에는 나치 친위대 장교가 있었는데, 그는 수감자들을 잔인하고 기괴한 방법으로 고문하는 부헨발트의 사형 집행인으로 악명 높았다. 그 장교는 목사를 십자가에 거꾸로 매달아 죽이고, 수감자들을 백린에 태워 죽였으며, 중세식 고문 기술로 나무에 매달아 죽이기도 했다. 전세가 나치에 불리해질수록 이자들은 점점 더 포악

해지고 광기에 휩싸여갔다.

그곳에 간 지 사흘째 되던 날, 나치 친위대원이 와서 이렇게 외쳤다.

"여기 기계공 있나?"

잠시 침묵이 흐른 뒤에 내가 손을 들었다.

"제가 기계공입니다."

다른 선택의 여지가 없었다. 부헨발트에서는 이미 죽은 목숨이라는 생각만 들었다. 다른 수용소로 가면 살 수 있을 것 같았다.

결국 나는 어느 숲 근처에 있는, 고작 이백 명이 수용된 조넨부르크Sonnenburg, 현재 폴란드 서부에 위치한 지역에 있던 수용소 - 옮긴이라는 작은 수용소로 이송되었다. 운 좋은 휴식기였다. 그 이후로 넉 달 동안 그 수용소에서 20킬로미터 떨어진, 아우마Auma, 독일 튀링겐주에 있는 도시 - 옮긴이에 있는 기계 공장에서 상당히 쉬운 일을 했다. 매일 아침 전용 기사가 나를 데리러 왔고, 몹시 추운 영하의 날씨에 공장 지하에서 하루 종일 기계에 매달려 일했다. 그렇지만 자유와는 거리가 멀었다. 기어의 오류를 바로잡는 기계에 쇠사슬로 묶여 있었으므로. 쇠사슬은 15미터 정도로, 기계 주변을 겨우 오갈 수 있는 길이였다. 이번에도 일곱 번 실수하면 교수형에 처한다는 표지판을 목에 둘러야 했다.

나는 매우 특수한 여러 부품의 상태를 점검하는 일을 맡았는데, 매우 정밀하고 정교한 작업이었다. 만약 1밀리미터의 몇 분의 일이라도 오차가 생기면, 그 부품은 제 기능을 하지 못했다. 나는 그런 부품들을 갈아내 완벽한 크기로 맞추는 일을 했다. 아침 여섯 시부터 저녁 여섯 시까지 신경을 곤두세우고 일해야 했다.

공장에는 자기가 맡은 기계를 돌리는 다른 수감자들도 있었다. 그중 한 사람은 서로 이야기를 나눌 수 있을 만큼 가까운 데서 일했지만 러시아어밖에 하지 못해 대화가 통하지는 않았다.

하루 종일 일하면서 만날 수 있는 사람이라곤 매일 아침 나를 기계에 쇠사슬로 묶었다 저녁에 수용소로 다시 데려다주는 간수뿐이었다. 간수는 세 시간마다 나를 살피고, 배급된 빵을 갖다 주고, 화장실에 갈 수 있게 해줘야 했지만, 술고래여서 한 번도 나타나지 않을 때가 많았다. 급히 일을 봐야 할 때면 난감하기 이를 데가 없었다. 결국 내가 담당하는 기계 뒤쪽을 열고 여분의 누더기 천으로 변기 같은 것을 만든 다음, 기계 안에 소변을 봤고, 그러고 나서 그곳을 닫았다. 만일 이런 장면을 간수에게 들켰다면 살아남지 못했을 것이다. 하지만 인간의 존엄성을 지키고 죽는 게 차라리 나을 것 같았다.

술고래 간수는 나치 친위대원이었음에도 무척 소심했다. 일진이 나쁘거나 술을 너무 많이 마신 날이면 아무 이유 없이 나를 때리기도 했다. 하지만 그런 다음 나를 차에 태워 수용소로 데려다줄 때면 이렇게 다짐을 받곤 했다.

"이 일은 비밀로 해. 다른 사람한테 말했다가는 네놈 등에 바로 총알을 박아줄 거니까. 도망치려고 해서 죽였다고 하면 그만이야. 난 유대인 놈들을 그렇게 죽이거든."

그러던 어느 날 그 간수가 와서 공장 책임자가 나를 찾는다고 전했다. 나는 이제 죽었구나 싶었다. 실수를 일곱 번 저질러서 드디어 교수형을 당하는구나라는 생각밖에 들지 않았다. 나는 자포자기한 심정으로 옆 기계에서 일하는 러시아인이 내 말을 알아듣지 못할 걸 알면서도 내 빵을 먹으라고 몸짓을 해 보이며 이렇게 말했다.

"저는 이제 죽으러 가야 하니, 빵이 필요 없게 됐어요."

공장 책임자는 '고'라는 사람이었다. 그 사람은 아버지보다 두 배 정도 더 나이 들어 보였는데, 현재 나의 백발처럼 하얗게 센 머리에 흰 가운을 입고 있었다. 나는 그가 이제 곧 나를 교수형에 처하겠다며 고함치기만을 기다리고 있었는데, 그는 나지막한 소리로 "자네가 이시도로의 아들인가?"라고 물었다. 내가 그렇다고 대답하자, 그는 눈물을 흘리면서 이렇게 말했다.

"에디, 자네 아버지와 난 1차 세계대전 때 같이 전쟁 포로로 잡혀 있었다네. 일이 이렇게 되다니 정말 너무 가슴이 아파. 그런데 나도 어찌할 수가 없네. 나한테는 자네를 탈출시킬 힘이 없어. 하지만 여기 매일 일하러 나오면 자네가 먹을 음식을 좀 놓아두겠네. 내가 지금 도울 수 있는 건 이것뿐이야. 단, 남은 음식은 흔적이 남지 않게 모두 없애버려야 한다는 걸 잊지 말게."

그날 이후 일하러 나오면 정말로 기계 안에 먹을 게 숨겨져 있었다. 내가 담당하는 기계 한쪽에는 특수 장비를 넣어두는 작은 해치 뚜껑이 있었다. 일을 시작할 때 이 뚜껑을 위로 올리면, 빵이나 우유로 끓인 포리지porridge, 귀리에 물이나 우유를 부어 걸쭉하게 죽처럼 끓인 음식으로 주로 아침 식사로 먹는다 – 옮긴이, 그리고 가끔씩은

살라미salami. 샐러드나 샌드위치용으로 쓰는 이탈리아식 소시지—옮긴이 같은 것도
들어 있었다.

먹을 것을 전해주는 건 너무도 감사했지만, 나뿐만 아니
라 그 무렵까지 살아남은 수감자들은 모두 걸어 다니는 해
골이나 다름없었다. 나 역시 심한 굶주림과 거의 먹지 못할
정도의 형편없는 음식으로 소화기가 이미 심하게 손상된 상
태였다. 나는 포리지를 거의 소화시키지 못했다. 포리지를
화장실로 갖고 가 물을 더 넣어 먹은 후에야 겨우 소화시킬
수 있었다. 이미 내 위는 우유를 소화시키지 못할 정도로 망
가져 있었다. 살라미도 같은 이유로 먹지 못했다. 잘못하면
그 음식들을 먹다가 죽을 수도 있을 것 같았다. 다른 수감자
에게 줄 수도 없었다. 그랬다가는 아버지의 옛 친구가 위험
해질 수도 있었다. 그래서 나는 음식을 기계에 넣고 갈아 없
애야 했다. 상상할 수 있겠는가? 배가 고파 죽을 지경인데
음식을 앞에 두고도 먹지 못하는 처지를.

하지만 그분이 나에게 베푼 이 작은 친절은 나에게 새로
운 힘을 주었다. 이미 너무 쇠약해진 상태라 그분이 베푼 음
식으로 건강을 되찾지는 못했지만, 이 일로 나는 모두가 우
리를 증오하는 건 아니라는 사실을 다시 한 번 확인했다.

어쩌면 이런 깨달음이 훨씬 더 가치 있는 것이었는지도 모르겠다. 포기하면 그걸로 모든 게 끝이다. 삶이라는 끈을 놓아버리면, 나라는 사람이 더 이상 살 가치가 없다고 느끼면, 오래 버티지 못한다.

나는 스스로를 다독이며 몇 번이고 말했다.

'에디, 지금 포기하면 안 돼. 하루만 더 버텨보자. 하루만.'

나는 러시아군이 진격해서 들어오기 전까지 약 넉 달간 그곳에 있었다. 밤이면 영국과 미국의 전투기가 수용소 위로 날아다녔고, 그러다 폭탄을 떨어뜨리기 시작했다. 공장 깊은 지하까지 폭음이 들릴 정도였다, 어느 날 밤엔 폭격기가 공장을 정통으로 맞혔다. 내가 일하는 지하 2층까지 거대한 폭음이 울려 퍼졌고, 나는 그 충격으로 쓰러지기까지 했다. 그리 멀지 않은 곳에서 불길이 일기 시작했고, 간수들이 공포에 사로잡혀 공장 안을 이리저리 뛰어다니며 외쳤다.

"라우스! 라우스!(Raus! Raus!, 밖으로! 밖으로!)"

하지만 내가 무얼 할 수 있겠는가? 나는 큰 소리로 어느 간수를 불렀고, 간수가 다가와 황급히 기계와 연결된 쇠사슬을 풀어주었다. 함께 지상으로 올라온 직후에야 그 간수는 내가 그냥 수감자가 아니라 유대인임을 깨달았다. 간수는 나를 돕느라 생명의 위협을 무릅쓴 것에 몹시 화가 난 나머지, 총 개머리판으로 나를 세게 쳤고, 나는 얼굴이 찢어지는 부상을 입었다. 그뿐만 아니라 이 일로 여러 주 동안 두통에 시달려야 했다.

나는 얼굴에 난 상처를 꿰맨 다음, 공장의 다른 업무로 복귀했다. 더 깊은 지하에 있는, 변속기 조립 라인이었다. 나치의 군수품으로 쓰이는 자동차, 트럭, 탱크, 대포 등 모든 기계에는 변속기가 들어갔다. 이곳에서 만들어진 변속기가 어디로 가는지는 알 수 없었지만, 전세가 독일에 불리하게 돌아가는 것만큼은 확실했다.

멀리서 러시아 대포가 폭음을 쏟아내고 영국 폭격기의 폭파음이 지축을 뒤흔들었다. 폭격이 시작된 지 이 주일 뒤에 나치가 수감자들을 또 대피시켰는데, 이번에는 아무 계획도 없었다. 러시아군을 피해 행진하다 미군과 너무 가까워지면 길을 되돌려야 했다. 결국 300킬로미터나 되는 먼 거리를 빙빙 돌며 걷는 지경에 이르렀다.

나치는 우리를 어떻게 해야 할지 몰라 우왕좌왕하는 기색이 역력했다. 갑자기 우리 모두를 총살할지도 모른다는 생각을 하니 겁이 덜컥 났다. 전쟁이 끝나면, 우리가 이자들이 저지른 잔혹 행위의 목격자가 될 게 뻔했다. 원래 살인자는 목격자를 죽이는 법이다.

우리는 나날이 지쳐갔고, 나치는 점점 절박해져 갔다. 나치조차 도망치고 싶었는지, 매일 밤 몇몇 간수들이 임무를 내팽개치고 어둠 속으로 사라지곤 했다. 우리는 양옆에 배수로가 있는 널찍한 독일 도로를 따라 행진했다. 도로 아래쪽에 배수관이 파손된 곳이 많아, 물이 도로의 낮은 쪽을 따라 콸콸 흘러내리곤 했다. 나는 이런 광경을 보다 탈출할 기회를 찾아냈다. 하지만 무언가가 필요했다. 그런 와중에 시큼한 독일식 오이 피클을 담는, 큼직하고 두꺼운 뚜껑이 덮인 커다란 나무통이 내 눈에 들어왔다. 나는 얼른 그 뚜껑 두 개

를 집어 들었고 이후에는 행진하는 곳마다 갖고 다녔다. 다른 수감자들은 내가 실성했다고 생각하는 것 같았다. 이미 지칠 대로 지친 몸으로 아무짝에도 쓸모없는 커다란 나무토막을 들고 다니는 저 미친 유대계 독일인은 대체 또 누구냐 하는 눈으로 나를 쳐다봤다.

휴식을 취할 때면 그 뚜껑을 깔고 앉아, 간수들은 내가 나무 뚜껑을 갖고 다니는 걸 잘 눈치채지 못했다. 그러던 어느 날 늦은 저녁 무렵, 들판에서 버려진 말 한 마리가 눈에 띄었다. 말은 애처로울 정도로 말라서 나보다 더 살이 없을 지경이었다! 수용소 소장은 그 말을 보고 저녁거리를 떠올렸고, 그날 밤은 쉬면서 모두 말 수프나 먹자고 선언했다. 그날 밤 모든 간수와 수감자들이 말 수프를 받으러 모여들었다.

그때가 바로 탈출의 유일한 기회 같았다. 그때가 아니면 다시는 기회가 없을 것 같았다.

아무도 나를 볼 수 없을 만큼 사방이 어두워졌을 때, 나는 우리가 있던 도로에서 벗어나 마구 달려 도랑으로 뛰어든 다음 배수관 속으로 들어갔다. 배수관이 반쯤 물에 잠겨 있어 얼음같이 찬 물에 몸을 담가야 했다. 물살이 너무 거세 순식간에 신발이 휩쓸려 내려갔고, 춥고 기진맥진한 데다

졸음까지 몰려왔다. 나는 나무 뚜껑 한 개를 왼쪽 옆구리에, 다른 한 개를 오른쪽 옆구리에 낀 채로 정신을 잃었다. 얼마 동안이나 잤는지 모르지만, 정신을 차려보니 양옆에 낀 나무 뚜껑에 총알이 잔뜩 박혀 있었다. 오른쪽 나무 뚜껑에는 서른여덟 발, 왼쪽 뚜껑에는 열 발이었다. 이 나무 뚜껑이 없었다면, 나는 이미 죽어서 생쥐들의 밥이 되었을 판이었다. 그동안 이런 배수관에서 살아 나오는 사람을 한 번도 본 적이 없었다. 수감자들이 행진할 때 나치 친위대가 뒤에 있다, 배수관을 향해 기관총을 마구 발사했기 때문이다.

배수관에서 겨우 기어 나왔을 때는 주변에 나치도, 같은 수감자도, 그 누구도 눈에 보이지 않았다. 마침내 자유를 얻은 것이다! 하지만 몰골이 말이 아니었다. 나는 돌멩이를 하나 집어 들어 팔에 새겨진 숫자에 대고 마구 문질렀다. 피투성이가 되어 나치가 새긴 숫자가 보이지 않을 때까지. 그러고 나서 한참을 걷자, 작은 시골집이 보였다. 폴란드에서 도움을 요청했다가 총에 맞았던 집과 상당히 비슷한 농가였다. 내가 문을 두드렸을 때는 아주 이른 새벽이었다. 열일곱 살에서 열여덟 살 정도 돼 보이는 어린 소녀가 문을 열었다.

"겁내지 말아요. 나도 독일인이에요. 유대인이기도 하구요. 도움 좀 청해도 될까요. 아버지나 오빠 신발 한 켤레만 얻을 수 있을까요? 그거면 돼요."

내가 유창한 독일어로 사정했다.

소녀가 아버지를 부르자, 50대 정도 되어 보이는 사내가 문가에 나타났다. 사내는 아직 피투성이인 내 팔과 죄수처럼 깎은 머리를 보더니 눈물을 흘리기 시작했다. 사내가 손을 내밀며 청했다.

"안으로 들어오세요."

"아닙니다."

나는 사람을 믿지 못했다. 사내는 점퍼와 튼튼한 테를 두른 모자, 그리고 몇 년 신어도 해지지 않을 좋은 가죽 신발을 주겠다고 고집했다. 나는 그 자리에서 줄무늬 죄수 모자를 벗어던졌다.

사내는 그 농가에서 30미터 정도 떨어진, 건초를 보관하는 헛간에서 아침까지 자고 가라고 권했다. 그러면 아침에 나를 도와주겠다면서. 나는 아침까지 그 헛간에서 자긴 했지만, 아침 일찍 건초 더미에서 나와 숲 쪽으로 4킬로미터 정도를 걸었다. 인기척 없는 곳으로 몸을 숨길 작정이었다. 그날 밤에는 잠을 잘 만한 동굴을 하나 찾아냈다. 그렇지만 지내기 썩 좋은 곳은 아니었다. 한밤중에 박쥐 수백 마리가 내 머리를 쳐가며 날아다니기 시작했다. 박쥐 발에 걸릴 만큼 머리카락이 길지 않아 얼마나 다행이었는지 모른다!

이튿날엔 아무에게도 들키지 않을 만한, 다른 동굴을 찾았다. 너무 깊고 컴컴해서 때로는 나조차도 밖으로 나가는 길을 잃어버릴 정도였다. 달팽이와 민달팽이를 잡아 생으로 먹는 게 식사였다. 어느 날 닭 한 마리가 동굴 안으로 들어왔다. 나는 닭을 덮친 후에 그 가련한 생물을 맨손으로 죽였다. 너무 허기져서 제정신이 아니었지만, 도무지 닭을 익힐 불을 피울 수가 없었다. 돌과 나뭇가지로 갖은 노력을 다해 봤지만, 불꽃이 일지 않았다. 목이 말라 개울물을 먹으려고 했지만, 물이 오염되어 있었다. 게다가 몸이 너무 아파 더 이상은 버티기 힘든 지경이었다.

이제 더 이상은 어쩔 수 없었다. 몸이 심하게 아파 한 걸음 옮기기조차 힘들었다. 사람들이 나를 발견해 총으로 쏴준다면, 정말이지 그보다 더 큰 은혜는 없을 거라는 생각까지 들었다. 나는 네 발로 기어 고속도로 쪽으로 갔다. 그런데 고개를 들어보니, 길 아래쪽에서 탱크… 미군 탱크가 오고 있었다!

나는 이 아름다운 미군 병사들을 영원히, 영원히 잊지 못할 것이다. 미군 병사들은 나를 담요로 감싸주었고, 나는 그로부터 일주일 뒤에 독일의 한 병원에서 깨어났다. 처음에는 내가 드디어 실성했거나 제정신이 아닌 줄 알았다. 바로 어제까지만 해도 컴컴한 동굴 속에 있었는데, 이제 정갈한 흰 시트를 두른 푹신한 침대에 누워 있고 사방에 간호사들까지 있다니.

병원장은 턱수염을 길게 기른 교수였다. 그분은 자주 찾아와 나를 진찰했지만, 아무리 물어도 내 상태가 어떤지에 대해서는 한 마디도 해주지 않았다.

상태가 좋지 않다는 걸 짐작할 수 있었다. 그때 나는 이미 콜레라와 장티푸스에 걸려 있었고 영양실조도 심각했다. 그 당시 내 몸무게는 고작 28킬로그램이었다. 어느 날 엠마라는 간호사가 다가오더니, 내 담요 위로 고개를 숙이고 내가 숨을 쉬고 있는지 살폈다. 나는 엠마의 팔을 잡고 이렇게 사정했다.

"의사 선생님이 뭐라고 하셨는지 제발 알려주세요. 말해주지 않으면, 이 팔을 놓지 않을 거예요."

나는 눈물을 흘리며 간청했다.

"죽을 확률이 65퍼센트라고 하셨어요. 하지만 다행히 살

확률이 35퍼센트나 된대요."

엠마가 내 귀에 대고 속삭였다.

그 순간 나는 하느님에게 약속했다. 만일 내가 산다면, 완전히 새로운 사람이 되겠다고. 독일 땅에서 벗어나겠다고, 그 모든 만행을 저지르고 내 모든 것을 강탈해간 독일 땅으로는 다시는 돌아오지 않겠다고. 또한 나치가 이 세상에 남긴 상흔을 바로잡는 데 나의 남은 생을 바치겠다고. 그리고 하루하루를 최대한 충만하게 살겠다고.

우리가 힘을 낸다면, 희망의 끈을 놓지 않는다면, 우리의 몸이 기적을 행할 수도 있다는 걸, 나는 잘 안다. 내일은 온다. 하지만 마음이 죽는다면, 내일이 와도 우리는 이미 죽은 것이나 다름없다. 그렇지만 목숨이 붙어 있는 한 희망은 있다. 희망에 기회를 한번 줘보는 게 어떨까? 돈 한 푼 들지 않으니 말이다!

친구여, 나는 이렇게 해서 살아났다.

||||| **11장** |||||

어둠 속에서도
기적은 일어난다

나는 여섯 주 동안 입원해 있었고, 서서히 기운을 되찾았다.
몸 상태가 나아지자, 벨기에로 가서 가족과 친지들을 찾아
봐야겠다는 생각이 들었다. 병원을 떠나기 전에 난민임을
입증하는 간단한 서류를 발급받고, 셔츠 두 장과 바지 하나,
모자 한 개 등 입을 옷도 몇 점 받았다.

　나는 걸어서 길을 떠났고, 형편이 되면 자동차를 얻어 타
기도 했다. 그런데 국경에 도착하자, 독일인은 국경을 넘어
갈 수 없다며 사람들이 나를 막아섰다.

　"아닙니다. 독일인이 아닙니다. 저는 유대인입니다. 벨기

에에서 저를 나치에 넘겨서 죽을 뻔했습니다. 하지만 살아남았어요. 그래서 저는 지금 벨기에로 가는 길입니다."

이 말을 듣자 그들은 아무 말도 하지 못하고 국경을 넘게 해주었을 뿐 아니라, 배급 식량도 두 배로 주었다. 내가 받은 빵과 버터 그리고 고기의 양은 전후 배급 식량으로는 보기 드물게 많았다.

나는 브뤼셀에 도착해, 독일을 처음 탈출한 뒤 부모님과 지냈던 좋은 아파트로 갔다. 아파트는 그대로였지만, 숨어 살기 위해 이곳을 떠날 때 두고 갈 수밖에 없었던 모든 세간살이는 흔적도 없이 사라진 상태였다. 물론 부모님도 없었다. 텅 빈 방들뿐이었다. 다시는 부모님을 만날 수 없다고 생각하니, 그곳에 있기가 몹시 고통스러웠다. 가족이 아무도 없다니. 전쟁 전에는 유럽 전역에 백 명도 넘는 친척들이 있었는데. 전쟁이 끝나고 나니, 온 천지에 나 하나뿐인 것 같았다.

해방되었다고 해서 기쁠 것도 별로 없었다. 해방은 자유를 뜻한다. 그러나 무엇을 위한 자유란 말인가? 혼자 살기 위해? 다른 사람들을 위해 유대교인들이 하는 기도인 카디시(Kaddish)를 읊조리기 위해? 그건 살아도 사는 게 아니었다. 해방된 뒤에 오히려 스스로 삶을 마감한 사람들도 많이 있었다. 나 또한 너무나 슬플 때가 많았다. 게다가 몹시 외로웠다. 어머니가 너무 보고 싶었다.

나는 어떻게 해야 할지, 살아야 할지 아니면 약이라도 구해 부모님을 따라가야 할지를 결정해야 했다. 하지만 최선을 다해 충만한 삶을 살겠다고 나 자신과 하느님에게 약속하지 않았던가. 그렇지 않으면 부모님의 죽음도, 내가 겪은 그 모든 고난도 아무 가치도 없게 되는 셈이었다.

그래서 나는 살기로 결심했다.

갈 곳도 만날 사람도 없어, 유대인 복지 재단에서 운영하는 식당에 가서 시간을 보냈다. 그곳에서는 식사도 하고, 브뤼셀 전역에서 온 유대인 난민과 연합군 출신 유대인 병사들과도 만날 수 있었다. 이들을 보는 게 얼마나 경이로운 일이었던지. 여러 해 동안 같은 유대인이 구타당하고 박해받고 해골처럼 앙상하게 마른 모습만 보다 전투 경력으로 다져진, 건장한 유대인 전사들을 보니 믿어지지가 않았다. 이들은 유럽, 미국, 영국, 팔레스타인 등 전 세계에서 온 군인들이었다. 정말이지 경이로운 광경이었다.

더욱 믿기지 않는 일은 또 있었다. 그곳에서 식사하기 위해 줄을 서 있다 내 평생의 친구, 쿠르트를 만난 것이었다!

아, 정말 기적 같은 일이었다! 상상할 수 있겠는가? 형제나 다름없는 친구이자 늘 내 편이 되어주었으며, 지구 최악의 생지옥에서 살아가도록 도와준 친구. 글리비체에서 죽었을 거라고 체념하고 있었는데 살아 있는 그 친구를 만나다니! 아, 쿠르트를 만나니 너무도 행복했다! 우리는 뜨거운 포옹을 나눴고 기쁨에 겨워 흐느껴 울었다.

함께 식사를 하며, 쿠르트가 그동안 있었던 일을 들려주었다. 친구는 이틀 동안 그 은신처에 숨어 있었는데, 어느 순간 군인들의 둔탁한 군홧발 소리가 들렸다고 한다. 쿠르트와 함께 있던 사람들은 겁에 질렸고, 모두들 그날이 생애 마지막 날이라고 믿어 의심치 않았다. 그러다 군인들이 러시아어를 하는 걸 알아챘고, 그래서 그들에게 투항했다. 쿠르트 일행이 위험하지 않은 수감자임을 러시아 군인들이 납득하기까지는 시간이 좀 걸렸다. 친구 일행은 러시아어를 하지 못했고, 러시아 군인들은 독일어를 하지 못했기 때문이다. 그러던 중 이들이 유럽 전역에서 나치가 벌인 잔혹 행위의 증거를 보게 되었고, 당연히 이러한 사실에 미칠 듯 분노했다고 한다. 그들은 쿠르트와 함께 투항한 이들이 피해자라는 걸 알게 되었고, 그 이후로는 잘 먹이고 입혀주었고, 오데사Odessa. 우크라이나 남부 흑해 연안의 항구 도시 - 옮긴이로 후송했다. 친구는 그곳에서 전쟁이 끝날 때까지 안전하게 지내다가 나보다 몇 달 전에 오데사에서 배를 타고 브뤼셀에 와 있었던 것이다.

쿠르트를 다시 만나니 나는 이루 말할 수 없이 기뻤다. 나는 당연히 그가 죽었을 거라고, 다시는 만나지 못할 거라고 믿고 있었다. 그런데 서로 얼굴을 맞대고 커피를 마시며 케이크를 먹고 있다니! 나는 이제 혼자가 아니라는 생각에 더욱 흥분되었다. 부모님을 잃었고 여동생의 생사조차 알지 못했지만, 가족이나 다름없는 친구와 함께 있을 수 있다니! 그것은 포기하지 않고 계속 살아야 한다는 신호이기도 했다. 그동안 얼마나 여러 번 쿠르트와 헤어졌다 다시 만났던가. 나는 그 순간순간이 매번 기적처럼 느껴졌다.

우리는 함께 식량과 배급품을 나눠주는 난민 센터를 찾아갔다. 하지만 그곳으로 가는 길모퉁이를 돌아섰다 끝도 없이 길게 늘어선 줄을 보고 낙담하지 않을 수 없었다. 모든 것을 잃어버린 유대인 난민 수백 명이 길 아래까지 길게 늘어서 있었기 때문이다.

"자선에 의존하다가는 한 걸음도 나아가지 못할 거야. 일자리를 찾아야 해."

나는 쿠르트에게 말했다. 그래서 우리는 그곳을 떠나 직업소개소로 갔다. 일자리를 찾기 전까지는 소개소에서 나오지 않기로 작정했다.

쿠르트는 숙련된 가구공이었고, 얼마 안 돼 아름다운 가구를 만드는 작은 공장의 감독 자리를 얻었다. 철로에 필요한 장비 공장을 열기 위해 정밀 기계공을 찾는다는 구인 광고도 있었다. 이 광고를 낸 베르나르 앙체르 씨는 매우 친절하고 관대한 사람이었다. 우리는 함께 스위스로 가서, 앞으로 사용할 전문가용 기계를 모두 구입했다. 나는 곧 그 공장 감독이 되어 직원 스물다섯 명과 함께 일하게 되었다.

직업을 얻은 지 일주일 만에 쿠르트와 나는 보증금을 내고 브뤼셀 중심가에 아담한 아파트를 얻었다. 우리에겐 충분한 돈과 자동차가 있었다. 그럼에도 갑작스레 삶의 여건이 너무 좋아지니 때로는 기분이 좋지 않을 때도 있었다. 사람들은 잘사는 것처럼 보이는 유대인을 여전히 못마땅한 눈빛으로 쳐다봤다.

유럽에 깊이 뿌리내린 반유대주의가 하루아침에 사라질수는 없는 노릇이었다. 공장 사람들이 '탐욕스러운 유대인 놈들' 같은 욕을 하거나, 내가 벨기에 사람들한테서 일자리를 빼앗았다는 등의 비난이 들려올 때도 있었다. 이런 말은 나에게 너무 큰 상처가 되었다. 벨기에로 피난 왔다가 모든 가족을 잃은 나로서는 더더욱 그랬다.

그런데 얼마 뒤 모든 가족을 다 잃은 게 아니라는 걸 알게 되었다! 브뤼셀에 자리를 잡은 지 몇 달 뒤, 홀로코스트 생존자들이 헤어진 가족을 찾는, 지역 유대인 신문의 한 코너에 내 사진을 실은 일이 있었다. 그 뒤 얼마 안 돼 하숙집에서 지내던 여동생 헤니를 찾았다. 동생은 죽음의 행진 때 나와 헤어진 뒤, 전쟁이 끝날 때까지 마지막 몇 달을 라벤스브뤼크 강제 수용소Ravensbrück Concentration Camp, 주로 여성들이 있었던 수용소로 십이만 명 이상이 수용되어 육만 명 이상이 살해된 것으로 알려져 있다 - 옮긴이 인근의 한 사과 나무 농가에서 일하며 상대적으로 안전하게 지냈다고 했다.

기적이 두 번이나 일어나다니! 모든 가족을 다 잃은 줄 알고 있다 친구를 만났는데, 이제 동생까지 만나게 되다니! 세상에서 가장 소중한 두 사람이 살아 있었다니! 나는 정말이지 믿어지지 않았다. 쿠르트와 나는 동생을 데려와 함께 살기로 했다. 그리고 나는 또다시 살아갈 힘을 얻었다.

어느 날 저녁, 〈르쇼르〉라는 벨기에 일간지를 읽다, 다리에서 뛰어내려 자살을 시도한 두 유대인 여성에 대한 기사를 보게 되었다. 이들은 아우슈비츠Ⅱ - 비르케나우에 수용되어 있다 브뤼셀로 돌아왔는데 가족이 모두 세상을 떠났다는 걸 알고 난 후, 자신들도 삶을 마감하기로 했다. 이들이 뛰어내린 다리는 그다지 높지 않았지만, 바지선이 정기적으로 다리 밑을 지나 다녔다. 두 사람이 바지선 갑판으로 떨어졌다면 살아남지 못했을 것이다. 하지만 이 가련한 여성들은 바지선이 아닌 강물 위로 떨어졌고, 즉시 구조되어 정신병원으로 이송되었다. 우리는 어떻게든 이 두 사람을 돕기로 했다.

나는 쿠르트와 함께 그 병원으로 찾아가 두 여성을 만나게 해달라고 부탁했고, 이들과 역시 자살을 시도한 세 번째 젊은 유대인 여성이 있는 병실로 안내되었다. 가슴 아픈 광경이었다. 병원에는 이런 여성들이 지낼 만한 곳이 없었다. 정말이지 비참한 환경에 처해 있었다. 나는 병원장을 만나, 이들을 책임지겠다고 제안했다.

"저는 좋은 아파트에서 살고 있고 돈도 충분히 있습니다. 이

분들을 돌봐줄 여력이 됩니다. 이렇게 가둬두지 말아주세요. 병실이 정말 끔찍합니다. 멀쩡한 사람도 여기 들어오면 석 달 안에 분명 미쳐버릴 겁니다."

나는 병원장을 겨우 설득해서 세 여성을 집으로 데려왔다. 그러고는 아파트 문을 열어 보이며 이렇게 선언했다.

"들어오세요. 남자 둘이 있지만, 어리석은 짓 같은 건 벌어지지 않을 겁니다. 지금부터 여러분은 내 동생이나 마찬가지예요."

이들이 수용소에서 겪은 참혹한 시련에서 회복되는 동안 우리는 함께 살았다. 세 여성의 피부 상태가 너무 안 좋아 유황 목욕 치료를 받아야 했으므로, 정기적으로 이들을 차에 태워 병원에 데려갔다. 나와 쿠르트보다 건강 상태가 좀 나은 여동생을 포함해 우리 모두 같은 치료를 받았다. 쿠르트와 나는 일주일에 두 번 치료를 받기도 했다. 그러자 그 이후 세 여성은 상태가 몰라보게 호전되었다. 이들은 미친 게 아니었으며, 한 번도 미친 적이 없었다. 그저 생지옥을 겪었을 뿐이었다. 이들에게 필요한 건 작은 친절이 전부였다. 수용소에 수감되어보지 않은 사람은 이해하기 어려울 것이다. 이들에게 치유할 곳이자 살 집을 내어준 것은 쿠르트와 내가 우리를 살아 있게 해주셔서 감사하다고 신에게 드리는 인사이자, 우리가 세상으로부터 받은 것에 대한 보답이었다. 세 여성은 얼마 후 완전히 회복되어, 세상으로 나가 일자리를 찾고 사랑하는 남편도 만났다. 그 이후에도 우리는 이 여성들과 계속 연락을 주고받으며 지냈다. 이 여성들을 만나고 도와주면서, 곤경에 처한 사람을 돕는 것은 운 좋은 사람들의 의무이며, 주는 것이 받는 것보다 더 좋은 거라는 아버지의 조언을 뼛속 깊이 이해하게 되었다. 아무런 희망이 없어 보여도 기적은 언제나 일어나는 법이다. 만일 기적이 일어나지 않는다면, 우리가 직접 기적을 일으키면 된다. 작은 친절을 베풀어 다른 사람을 절망의 늪에서 끌어내는 것. 그것은 어쩌면 누군가의 생명을 구하는 일이 될 수도 있다. 이것이야말로 가장 큰 기적이 아닐까.

12장

사랑은 최고의 명약

유럽에서는 마음이 편치 않았다. 유대인이 박해받고 추방당하고 살해당하는 사태를 막기 위해 손 하나 까딱하지 않은 사람들에 둘러싸여 살아간다는 사실이 견디기 힘들었기 때문이다. 총 이만 오천 명 이상의 유대인이 벨기에에서 추방당했고, 이 중 살아남은 사람은 천삼백 명도 채 안 되었다.

브뤼셀에서는 나치의 부역자들에 둘러싸여 있는 듯한 느낌이 들 때도 있었다. 누군지 영원히 알 수 없겠지만, 부모님을 고발한 자들이 카페 옆자리에 앉아 커피를 마시고 있을지도 모른다고 생각하니 치가 떨렸다. 사람들은 증오 때문에,

혹은 두려움 때문에, 심지어는 탐욕 때문에 유대인을 고발했다. 이웃이 재산을 탐내는 바람에 살해당한 일가족도 많았다. 이들은 자신들이 고발한 유대인이 추방당하면 그 집에 난입해 온갖 물건들을 훔쳐 갔다.

어느 날 쿠르트와 브뤼셀에 있는 아름다운 시장 앞 광장을 걷고 있을 때, 믿기 힘든 광경이 눈에 들어왔다. 어떤 남자가 어디서 많이 보던, 반듯하게 각이 잡힌 양복을 차려입고 지나가는 것이었다.

"쿠르트, 저 남자 보여? 저거 분명히 내 양복이야!"

"뭐? 설마!"

"아냐. 확실해. 저 남자를 따라가봐야겠어."

나는 이렇게 말하며 남자의 뒤를 밟았다. 그 양복이 부모님의 아파트 옷장 안에 걸려 있던 게 눈에 선했다. 그 남자가 어떤 카페로 들어갈 때까지 나는 그의 뒤를 밟았다. 그러고는 마침내 카페로 따라 들어가 그 앞에 섰다.

"이봐요. 당신이 지금 입고 있는 옷, 내 옷 같은데, 어디서 난 겁니까?"

"뭐야, 당신 미쳤어? 이거 내가 직접 맞춘 거야! 헛소리하지 마."

나는 그가 거짓말하고 있다는 걸 확신했다. 그 옷은 내가 라이프치히에서 맞춘 아주 독특한 양복으로, 자전거를 타기 위해 바지 밑단을 니커보커식으로 좁게 처리한 것이었다. 나는 경찰을 부르러 갔다.

"카페에 앉아 있는 저 남자 보이시죠? 저 사람이 제 양복을 훔쳐 갔습니다."

"알겠어요. 들어가서 옷을 벗으라 하죠."

경찰이 말했다. 남자는 처음에 내 말을 완강히 부인했지만, 결국에는 태도를 누그러뜨렸다. 남자가 양복 상의를 벗었고, 당연하게도 전쟁 전 라이프치히에서 내가 찾아갔던 매우 솜씨 좋은 재단사의 상호가 붙어 있었다. 남자는 그 독일 상호를 읽지도 못했으며, 결국 기가 죽어 양복을 돌려주는 데 동의했다. 그는 기껏해야 좀도둑이었을 뿐이지만, 유대인의 피를 손에 묻혀가며 진짜 부역자로 일한 자들이 여전히 거리를 활보하고 다녔다.

한번은 길을 걷다 나와 같은 막사에 있었던 카포와 맞닥뜨린 적도 있었다. 카포는 나치를 도와 다른 유대인을 억압했던 범죄자다. 그자가 살아 있다는 것, 자유를 누리고 있다는 사실을 나는 믿을 수가 없었다. 분노가 치민 나는 경찰서로 곧장 가서 그자가 법의 심판을 받게 처분해달라고 사정했지만, 경찰은 그만해두라며 오히려 나를 말렸다. 그자는 브뤼셀에서 권력을 누리는 고위 정치인의 딸과 결혼한 상태였고, 경찰은 그 일에 연루되고 싶어 하지 않았다.

쿠르트와 내가 직접 복수할 궁리도 해봤지만, 우리를 본 뒤로 그자는 경계 태세에 들어갔다. 어딜 가든, 경호원인 듯한 사람들과 여럿이 함께 다녔고, 언제나 독일 전투견인 아름다운 셰퍼드 두 마리를 끌고 다녔다. 그자는 물론, 무수히 많은 다른 범죄자와 살인자들이 정의의 심판도 받지 않은 채 멀쩡하게 잘살고 있었다.

———

벨기에에서는 나를 온전히 받아들여주지 않았다. 난민 신분인 나는 여섯 달에 한 번씩 거주 허가 신청서를 내야 했다. 한 공장의 책임자이며, 2년 동안 일한다는 계약서에 서명했지만 아무 소용도 없었다.

또 나는 여러 루트를 통해, 부헨발트에 도착한 죽음의 열차에서 유대인 청년으로부터 건네받은 사진의 주인공을 찾아냈다. 그리고 그 여성에게 남편이 마지막 순간에 그녀를 생각하며 숨을 거뒀다는 소식을 전했다. 그 여성은 너무 감동한 나머지 가족과 함께하는 저녁 식사에 나를 초대했다. 좋은 양복을 차려입고 꽃과 케이크를 사 들고 찾아갔지만, 가족들은 나를 별로 반기지 않는 분위기였다.

"아, 유대인이시로군."

여성의 아버지가 눈살을 찌푸리며 말했다. 나는 아무것도 먹지 않은 채 그 집에서 나온 후 그녀에게 말했다.

"우리는 친구가 되기 힘들 것 같네요. 저와 친구가 되면 가족분들과는 멀어지게 될 것 같아요."

이처럼 우리 같은 생존자들이 벨기에 사회에 적응하는 것은 힘겨운 투쟁이나 다름없었다. 반유대주의가 여전히 횡행했고, 우리는 세상에 대한 믿음을 갖기 힘들었다. 경험해보지 않은 사람들은 결코 이해할 수 없는 참혹한 일들을 너무 많이 겪었기 때문이다.

선의를 갖고 공감하려 애쓰는 사람들조차 사실은 전혀 우리를 이해하지 못했다. 내가 겪은 일을 진정으로 이해하는 사람은 이 세상에 단 한 명, 쿠르트뿐이었다. 하지만 우리가 영원히 함께 살 수는 없었다. 얼마 지나지 않아 쿠르트에게는 샤를로트라는 사랑스러운 여자 친구가 생겼고, 두 사람은 1946년 2월에 결혼했다.

쿠르트가 결혼한 뒤 나는 어디에도 속하지 못하고, 그 누구와도 다시는 가까워질 수 없을 거라는 두려움에 사로잡혀 방황하고 있었다. 그런데 그 무렵 플로르 몰로라는 아름다운 여성을 만나게 되었다. 플로르는 그리스 테살로니키의 세파르디스스페인, 북아프리카계의 유대인-옮긴이 집안에서 태어났지만, 자란 곳은 벨기에였다. 처음 만났을 때, 플로르는 브뤼셀 수도 지역의 지방자치 도시인 몰렌베크의 시청에서 일하고 있었다. 전쟁이 끝나고 먹을 것을 배급받던 시기에 사람들에게 식량 배급표를 나눠주던 곳이었다.

어느 날 나는 배급을 두 배로 받을 수 있는 카드를 갖고 그곳으로 갔다. 그랬더니 그곳 직원들이 문신을 한 남자가 왔다며 내 앞으로 플로르를 데려왔다. 그녀는 강제 수용소에 대한 이야기를 전해 들었고, 수용소에 수감되었던 사람과 이야기를 나누고 싶어 했다. 나를 보기 위해 온 것이었다.

나는 첫눈에 사랑에 빠졌다. 그래서 플로르에게 내가 가진 모든 것을 주고 싶다고, 먼 곳으로 가서 함께 새로운 인생을 시작하자고 말했다. 그러자 그녀가 어이없다는 듯 웃음을 터뜨렸다. 플로르는 자기 자리로 돌아가, 자유를 얻은 수감자가 함께 멀리 외국으로 가자고 한다고 동료들에게 말했고, 모두들 우스운 얘기로 여겼다.

플로르는 전쟁이 벌어진 동안 운이 무척 좋았다. 유대인이지만 숨어 지내는 데 성공한 것이다. 독일이 벨기에를 침공한 1940년 5월, 그녀는 지방자치 단체의 의회에서 일했지만 나치는 그녀가 유대인임을 눈치채지 못했다. 전쟁이 본격화되면서 물자는 점점 부족해지고, 미국 노래를 듣는 것에서부터 밤에 거리를 자유롭게 걷는 것 등등 많은 것이 금지되어 삶이 힘겨워졌지만, 그녀는 여전히 집에서 살면서 직장에 다니는 생활을 이어 나갔다. 그러던 1942년 어느 날, 그 지역 게슈타포 본부로 나오라는 지시가 떨어졌다. 플로르의 일자리를 자신의 아내가 차지하길 바랐던 동료가 그녀를 고발했고, 더 이상 의회에서 일할 수 없다는 통보를 받은 것이었다. 플로르는 칼, 포크, 담요 같은 물품을 제출해야 했으며 1942년 8월 4일 말린에 있는 군 막사 건물에 보고한 뒤 그곳에서 강제 추방될 처지에 몰렸다.

이런 사태가 벌어지자 플로르의 상사는 벨기에의 레지스

탕스 세력을 통해 그녀를 프랑스로 보내주었다. 그 이후 프랑스 파리에서 다른 사람인 척하며 살아야 했다. 그녀는 가장 기독교적인 이름, 십자가의 예수를 뜻하는 크리스티안 들라크루아라는 가명을 지었다. 그리고 그 이후로 2년 동안 오빠 알베르, 시누이 마들렌과 같은 아파트에서 살며, 이 둘을 제외한 모든 이들에게 크리스티안 들라크루아 행세를 하며 지냈다. 1944년 8월 파리가 해방되던 날, 플로르는 샹젤리제 거리로 나가 수많은 인파와 함께 드골 장군을 기리는 승리의 퍼레이드에 참여했고, 그로부터 몇 주 뒤 브뤼셀로 돌아왔다.

플로르가 나와 즉시 사랑에 빠진 것은 아니다. 사실을 말하지면, 그녀가 처음 느낀 감정은 사랑이라기보다 연민이었다. 나를 가엾게 여긴 그녀를 탓할 수는 없다! 내 몸에는 수용소 시절 생긴 수많은 상처가 남아 있었다. 나치 간수에게 총으로 머리를 가격당한 이후 여러 해 동안 두통을 앓았고, 영양실조로 생긴 끔찍한 종기 때문에 심각한 통증에 시달렸다. 쿠르트와 나는 온몸에서 수십 개씩 돋아나는, 지독하게 아픈 종기를 가라앉히느라 일주일에 두 번 전문가를 찾아가 유황 목욕 치료를 받아야 했다.

첫 데이트 날 우리는 극장에 갔는데, 당시 내 엉덩이에는 심한 종기가 나 있었다. 나는 너무 아파서 가만히 앉아 있지 못하고 이리저리 몸을 뒤척였다.

"왜 그래요? 왜 가만히 앉아 있질 못하는 거예요?"

플로르가 속삭이는 목소리로 이렇게 물었지만, 어떻게 설명해야 할지 난감했다. 나는 집으로 돌아와 쿠르트에게 종기를 째달라고, 제발 고통에서 벗어날 수 있게 해달라고 애원했다.

하지만 우리는 다시 만났고, 점점 사랑이 깊어졌다. 사랑은 이 세상의 좋은 것을 모두 한데 모아놓은 것과 같다. 시간이 오래 걸리고, 서로 노력해야 하며, 연민을 갖지 않으면 힘들지만. 1946년 4월 20일, 우리는 정식으로 결혼식을 올렸다. 친절한 나의 상사, 앙체르 씨가 플로르와 함께 식장 가운데 통로를 걷는 아버지 역할을 해주었으며, 수용소로 가지 않도록 그녀를 구해준 상사가 결혼식 사회를 봐주었다. 플로르의 어머니 포르튜네는 기쁨의 눈물을 흘렸다. 포르튜네는 두 팔 활짝 벌려 나를 가족으로 받아들여준 멋진 여성으로, 나를 친아들처럼 대해주었다. 이렇게 해서 나는 아내와 어머니를 얻었다.

플로르와 나는 정반대라고 해도 좋을 만큼 다른 성격이었는데, 어쩌면 그 점 때문에 내가 그토록 빨리 그녀에게 매혹되었는지도 모른다.

나는 매우 합리적이고 꼼꼼한 성격으로, 기계와 숫자에 능했다. 그런 반면에 아내는 새로운 사람들을 만나고, 음악을 듣고, 맛있는 음식을 요리하고, 연극 보러 가는 것을 좋아했다. 함께 연극을 보러 가면, 아내는 그 작품을 영혼 깊이 이해하듯 배우와 동시에 대사를 읊조리곤 했다! 바로 이런 이유로 우리는 정말로 좋은 부부가 되었다. 누구나 자신과 똑같은 사람과 사랑에 빠지고 싶지는 않을 것이다! 강한 유대감은 서로 다른 성향의 남녀 사이에서 생겨나며, 그래야 새로운 것을 시도하고, 더 나은 사람이 될 수 있는 법이다.

막 결혼했을 때, 나는 정말 대하기 어려운 사람이었다. 춤추러 가지도, 영화관에 가고 싶어 하지도 않았다. 사람이 많은 곳에는 한 발자국도 들여놓고 싶지가 않았다. 생명을 위협받는 공포 속에서 너무나 오랫동안 살아서 그런지, 생존만을 우선시하는 강박관념에서 벗어나지 못했다. 내 몸은 오직 위험에 대비하기 위해서만 프로그래밍되어 있는 것 같았다. 아내는 내가 왜 그런 행동을 하는지 잘 이해하지 못했다. 아내뿐만 아니라 수용소에서 살아보지 않은 사람들은 다 마찬가지였다. 이들은 사람이 얼마나 잔혹해질 수 있는지, 사람이 얼마나 쉽게 목숨을 잃을 수 있는지, 상상조차 하지 못한다.

나는 여전히 너무나도 무거운 고통 속에서 살았다. 라이프치히에 사는 우리 가족의 오랜 친구 한 분이 오랫동안 버려져 있던 우리 집에 찾아가, 나의 물품들을 챙겨서 상자에 담아 보내준 일이 있었다. 상자가 도착했을 때 나는 떨리는 손으로 뚜껑을 열었다. 그 안에는 한 무더기의 사진과 서류가 들어 있었다. 나에 관한 예전 서류들, 여러 신분증들, 아버지가 내 보험을 지불하기 시작한 장부, 내가 발터 슐라이프로 살았던 학교에서 쓰던 노트 그리고 다시는 만날 수 없는 사랑하는 사람들의 모습이 담긴 사진들…….

그것들을 보자마자 뜨거운 감정이 울컥 솟구쳤고, 나는 목 놓아 울고 말았다. 동생은 마음이 너무 상한 나머지 그 상자를 보지 않으려고 했다. 얼마나 심한 고통을 겪었든, 얼마나 깊은 상처를 무의식에 쌓아뒀든, 내 두 눈으로 잃어버린 것들을 확인하지 않으면 그냥 잊은 채 살아갈 수도 있다. 하지만 이제 고인이 된 어머니의 사진을 보자, 내가 사랑하는 많은 사람들이 멀리 떠났고, 이제 다시는 돌아오지 않는다는 사실이 새삼스럽게 거대한 파도가 되어 나를 덮쳤다. 그 증거들이 바로 내 눈앞에 펼쳐져 있었다. 나의 모든 행적과 추억이 고스란히 담긴 상자가. 그건 어떤 말로도 표현할 수 없을 만큼 엄청난 충격이었다. 나는 상자를 밀쳐두고 오랫동안 다시 들여다볼 엄두를 내지 못했다.

나는 행복하지 않았다.

솔직히 왜 아직 살아 있는지, 아니 정말 살고 싶기나 한 건지 알 수 없었다. 돌이켜보면, 아내에게 너무나 미안하다. 나와 처음 살기 시작한 두어 해 동안 아내는 무척 힘들어했다. 나는 음울한 유령처럼 떠돌았지만, 아내는 다양한 배경을 가진 많은 친구들과 교류하며 벨기에 사회에 완전히 동화되어 살아가는 매우 밝고 쾌활한 사람이었다. 하지만 나는 조용하고 폐쇄적이며 늘 뭔가를 못마땅해하는 얼굴을 하고 다녔다.

그런데 아버지가 된 순간, 이 모든 것이 달라졌다.

결혼한 지 1년 만에 아내가 임신을 하자, 나는 가족을 부양할 돈을 충분히 벌기 위해 유럽 전역에 수술 장비를 설치하는 회사에 일자리를 얻었다. 그 일을 하려면 여러 도시로 출장을 가서, 아주 특수하고 복잡한 의료 수술용 기계를 설치한 뒤 한동안 그곳에 머물며, 기계를 조작하고 관리하는 법을 현지 직원에게 가르쳐야 했다. 이런 일을 마치려면 매번 사나흘의 시간이 걸렸다. 이런 일을 한창 하고 있을 때, 아내가 진통을 시작했다는 전갈이 왔다. 사장은 즉시 내가 브뤼셀까지 타고 갈 소형 비행기를 빌려주었다. 조종석이 밀폐되어 있지도 않은 아주 작은 비행기였는데, 조종사와 내가 보호용 안전모와 고글을 썼을 뿐, 머리 위로는 탁 트인 하늘뿐이었다. 이렇게 가다 폭풍우를 만나, 아내와 아이를 볼 수 없으면 어쩌나 하는 두려움이 앞섰다.

하지만 마침내 무사히 브뤼셀에 도착했고 반 시간 뒤에 아기가 태어났다. 첫째 아이인 마이클을 처음 품에 안았을 때, 기적이 일어났다. 바로 그 순간, 내 영혼이 치유되는 느낌이 들면서 어마어마한 행복감이 밀려들었다. 그날부터 내가 이 지구상에서 가장 운 좋은 사람이 된 것 같았다. 그래서 그날 나는 앞으로 생애 마지막 날까지 행복하고, 예의 바르며, 남을 돕는 친절한 사람이 되겠다고 나 자신과 약속했다. 또한 웃으며 살겠다고.

그리고 그때부터 정말 나는 더 나은 사람이 되었다. 사랑하는 아내와 아이가 나에게는 최고의 명약이었던 것이다.

———

브뤼셀에서 꾸린 삶이 완벽하지는 않았지만, 그래도 우리가 살아 있다는 게 중요했다! 우리는 이미 갖고 있는 것에 감사해야 한다. 행복한 사람에게 인생은 더할 나위 없이 멋진 것이다. 나보다 잘사는 이웃만 쳐다보며 질투심에 속을 썩인다면 행복은 저 멀리 달아나고 만다.

우리 가족은 부자는 아니었지만, 그래도 여유 있게 살았다. 여러 해 동안 추위에 떨고 굶주림에 시달리다 보니, 음식이 가득한 식탁 앞에 앉아 있는 것만으로도 말할 수 없이 행복했다. 결혼한 뒤에는 벨베데레 궁전^{Belvédère Castle, 빈 남동쪽에 있는 오스트리아 궁전 - 옮긴이}이 보이는 아름다운 아파트에서 살았다. 작은 아파트였지만, 너무도 근사한 전망을 누릴 수 있어서 무척 기뻤다. 그런 전망을 즐길 수 있다면, 궁전을 직접 소유할 필요까지는 없다. 보는 것만으로도 충분하다! 설사 그럴 수 있다 해도 나는 그런 궁전에서 살고 싶은 마음은 전혀 없다. 청소할 데가 너무 많기 때문이다!

주변에 돈이 많은 사람들도 있었다. 어떤 사람은 메르세데스 벤츠를 몰고 다녔고, 또 어떤 사람은 다이아몬드가 박힌 시계를 차고 다녔다. 하지만 그런 건 아무 의미가 없다. 우리에겐 차가 필요 없었다. 아내와 나는 이인용 자전거를 사서 함께 타고 다녔다. 물론 내가 자전거를 개조해서 사람이 굳이 페달을 돌리지 않아도 움직일 수 있도록 작은 모터 두 개를 달긴 했지만. 평지를 달릴 때는 모터를 하나만 켜고, 오르막길에서는 두 개를 켰다. 우리는 그 자전거로도 충분히 행복했다. 이 세상에 살아남았고, 아름다운 아내와 귀여운 아기를 품에 안은 것만으로도 나는 정말이지 최고로 운 좋은 사람이었다.

강제 수용소에 끌려 들어가 그렇게도 참혹하게 굶주리고 고문당한 사람이 운이 좋다고 말하다니 말도 안 된다고 반문하는 사람도 있을 것이다. 하지만 나는 진심으로 그렇게 생각하지 않는다. 나의 아내 플로르는 아내보다 훨씬 더 소중한 존재, 내 인생 최고의 친구가 되었다. 사랑이 나를 구원해준 것이다. 가족이 나를 살린 것이다.

고통에서 벗어나면서 내가 얻은 교훈은 이것이다. 바로 행복은 하늘에서 뚝 떨어지지 않는다는 것, 행복은 우리 손에 달려 있다는 것이다. 행복은 우리 내면에서, 사랑하는 사람들에게서 온다. 그리고 건강하고 행복하다면, 내가 바로 백만장자와 같다.

행복은 나눌 때마다 두 배가 되는, 이 세상에서 유일한 것이다. 아내는 내 행복을 두 배로 만들어주었다, 쿠르트와의 우정도 내 행복을 두 배로 만들어주었다. 나와 새롭게 친구가 된 당신은 어떤가? 당신의 행복도 나처럼 두 배가 되길 바란다.

매년 4월 20일이 되면 아내와 나는 결혼한 날을 기념한다. 그날은 히틀러의 생일이기도 하다. 우리는 아직 여기 살아 있고, 히틀러는 저기 땅속에 있다. 저녁 시간에 텔레비전 앞에 앉아 과자를 곁들여 차 한잔을 할 때면, 내가 정말로 운이 좋다는 생각이 든다. 이것이야말로 진정한 최고의 복수이자 내가 하고 싶은 유일한 복수다. 그것은 바로 이 세상에서 가장 행복한 사람이 되는 것이다.

13장

나의 행복은
내 손에 달려 있다

❖

우리는 벨기에에서 오래 살지 못했다. 공식적으로 나는 난민 신분이었고, 여섯 달마다 체류 신청을 다시 해야 했다. 벨기에에서 행복을 찾긴 했지만, 여섯 달마다 서류를 내야 하는 불안한 삶을 이어 나갈 수는 없었다. 쿠르트는 아내와 함께 이스라엘로 갔고, 동생도 결혼해서 호주로 갔다.

나에게는 호주와 프랑스로 가는 이민 신청서 두 장이 있었다. 1950년 3월, 나는 호주에서 일하며 살 수 있는 허가를 받았고, MS 소렌토라는 증기선을 타고 가족과 함께 시드니로 갔다. 브뤼셀에서 파리로, 파리에서 제노바로, 그다음에 호주로 가기까지 한 달이 걸리는 길고 긴 여정이었다. 시드니에 도착한 날은 7월 13일이었고, 가족 모두 호주까지 가는데 든 여비 1천 파운드는 '조인트'라는 이름으로 알려진 유대인 인도주의 단체, '미국 유대인 공동 배급위원회American Jewish Joint Distribution Committee'에서 대주었다. 나는 그 돈을 갚기로 마음먹었고, 형편이 되자 바로 상환했다. 위원회 사람들은 돈을 갚는 사람이 별로 없다며 상당히 놀라는 눈치였다. 그렇지만 나는 꼭 돈을 갚고 싶었다. 내가 도움을 받았듯이, 그 돈으로 다른 누군가가 도움받기를 바랐다.

시드니에 도착한 날은 목요일이었다. 우리는 도착하자마자 곧장 오코넬가O'Connell Street에 있는 '엘리엇 브라더스'사의 사무실로 갔다. 나는 거기서 의료기기 제작 일을 하기로 되어 있었다. 달리 갈 곳이 없던 아내와 아이도 함께 갔다.

"난 기계 제작자 세 분이 아니라, 한 분만 필요한데!"

사장이 우리를 보고 웃으며 말했다. 그는 아주 복잡한 기계의 청사진을 갖고 왔다. 전쟁으로 관련 산업이 파괴되기 전까지 유럽에서 제작하던 기계였다.

"아, 이건 아주 쉽습니다."

내가 단언했고, 다음 월요일부터 당장 일을 시작했다.

그해 겨울 시드니에는 역사상 가장 많은 비가 내렸다. 우리가 배에서 내린 순간부터 석 달 동안 쉬지 않고 비가 왔다. 아우슈비츠에서 해를 더 많이 본 것 같다는 생각이 들 정도였다. 아내와 나는 몹시 우울해졌다. 아름다운 해변과 야자수가 늘어선 시드니 사진을 보고 왔는데, 여러 주가 지나도록 끝없이 비가 내리고 게다가 끔찍할 정도로 춥다니. 갖고 온 모든 물건이 축축해졌다. 퇴근해서 집으로 돌아오면 셔츠를 걸어 말리곤 했는데, 그러면 공기 중에 있던 습기 때문에 옷이 더 축축해질 정도였다. 잘못된 결정을 한 건 아닌지 의심스러워지기 시작했다.

그 무렵 해가 다시 모습을 드러냈고, 그러자 온 세상이 눈부시게 아름다워졌다.

우리는 폴란드 가족인 스코루파 일가가 사는, 쿠지^{Coogee} 교외의 아주 좋은 집에 방을 하나 얻었다. 스코루파 일가는 아버지 쪽 친척으로, 그전에는 한 번도 본 적이 없었고 독일에 온 적도 없었지만, 우리에게 매우 친절하고 관대했다. 해리와 벨라 스코루파는 릴리와 앤 그리고 잭이라는 세 자녀를 둔 온화하고 겸손한 부부였고, 성심성의껏 우리를 도와주었다. 쿠지의 작은 집에서 그들은 우리에게 숙식을 제공해주고, 자신들이 쓰던 침대까지 내어주었다. 우리는 그곳에서 몇 달을 함께 지냈다.

해리 스코루파는 재단사였는데, 끔찍한 사고를 겪은 뒤에는 나와 절친한 사이가 되었다. 해리는 납작하고 뜨거운 보온용 물통 위에서 잠을 자고 있었는데, 아이들이 그의 밑에 있는 물통을 빼내려 했다. 그러자 그는 아이들을 말리며 한쪽 끝을 잡았는데 갑자기 물통이 터져버린 것이다. 다행히 아이들은 무사했지만 해리는 심한 화상을 입었고, 당뇨를 앓고 있는 상황이라 문제가 더 심각했다.

나는 해리를 차에 태워 병원으로 데려갔다. 심한 화상으로 그의 등 피부가 모두 벗겨진 상태였다. 상처를 회복하려면 정기적인 치료를 받아야 했는데, 그때부터 매일 아침 내가 잠옷 차림으로 해리를 병원까지 데려다주었다. 그런 다음 집으로 돌아와 한 시간 더 자고 일터로 나갔다. 우리는 오랜 시간 함께 차를 타고 오가다가 가까워지기 시작했고, 곧 둘도 없는 친구가 되었다.

호주에서는 우리를 잘 받아들여주었다. 호주로 이주한 지 얼마 되지 않아, 일로 알게 된 친구들과 보타니^{Botany,} 호주 시드의 한 호텔에서 어울리고 있을 때, 월터 루크라는 사람이 다가왔다. 월터는 이 나라에 온 지 얼마 안 된 모양이라며, 살 집을 찾고 있지 않느냐고 말을 걸었다. 그는 브라이튼르샌즈Brighton Le Sands 해변 인근 땅을 조금 갖고 있으며, 그곳에 똑같은 집 두 채를 짓고 있다고 했다. 그러면서 그 집 중 한 채를 사겠느냐고 물었다. 내가 그런 집을 살 돈이 없다고 했더니, 그는 그건 문제가 되지 않는다며 신용 점수를 얻어 호주에 자리 잡도록 도와주겠다고 말했다.

1950년 11월에 우리는 그곳으로 이사했고, 그 이후로는 한 번도 과거를 돌아보지 않았다. 새집으로 이사한 지 열한 달 뒤에, 내가 몹시 좋아하는 장모님이 우리와 함께 살기 위해 벨기에를 떠나 호주로 왔다. 우리는 그분이 지낼 방을 하나 더 마련했다. 그녀는 멋쟁이 호주 여성들을 단골로 둔 양장점을 하면서 성공적인 삶을 살았다. 유럽에서 온 재단사가 거의 없는 형편이라 많은 여성들이 도시 곳곳에서 그녀를 찾아왔다.

이즈음, 우리 부부의 귀여운 둘째 아이 안드레가 태어났다. 첫째를 품에 안은 날만큼 행복한 날은 다시 없을 줄 알았는데, 안드레는 내 짐작이 틀렸다는 것을 입증해 보였다.

둘째를 품에 안고 형과 동생이 처음 만나는 장면을 지켜보면서, 한 번에 이토록 엄청난 행복을 느낄 수 있다는 사실이 믿어지지 않았다. 내가 그동안 겪은 모든 고난이 오래전 악몽처럼 뒤로 성큼 물러났다. 가족이 한 명 한 명 늘어나는 것은 너무도 멋진 일이자 완벽한 기쁨 그 자체였다.

———

1956년 쿠지 호텔을 지나다, 리모델링하려고 내놓은 긴 바와 나무판자들을 보게 되었다. 나는 그것 전부를 거의 공짜로 사서 집으로 가져왔고, 집 안에 멋진 바를 만들 수 있었다. 호텔에서 쓰던 나무판자로는 두 아들이 쓸 책상을 하나씩 만들어주었다. 호주는 열심히 일하는 사람에게 천국 같은 곳이었고, 우리에게도 믿을 수 없을 만큼 많은 기회를 베풀어주었다.

나는 호주 사회에서 좋은 평가를 받는 일을 하고 싶었다. 그런 생각으로 사방을 둘러보니 호주 사람이면 누구나 좋아하는 것 하나가 눈에 띄었다. 그것은 바로 자동차였다.

자동차에 대한 경험은 거의 없었지만 기계공으로 익힌 기술을 활용할 수 있을 것 같았다. 그래서 호주 자동차인 '홀덴Holden, 1931년 제너럴모터스의 자회사로 편입된 호주의 자동차 회사 - 옮긴이'을 전문적으로 수리하는 회사에 일자리를 얻었다. 기계를 다루는 데에 능한 나는 자동차를 관리하고 수리하는 법을 재빨리 배워나갔다. 이따금 이해 안 가는 부분이 나오면, 설명서를 들고 화장실로 가서 아무도 모르게 문제 해결 방법을 익히곤 했다!

50대 중반에는 내 사업을 해도 좋을 만큼 경험이 쌓였고, 마스코트Mascot, 시드니 국제공항 인근에 위치한 교외 지역 - 옮긴이의 보타니가에 있는 자동차 수리점을 인수해서 '에디 수리 센터'라는 간판을 내걸었다.

나는 아내와 팀을 이뤄 일했다. 나는 차를 수리했고, 아내는 휘발유를 넣고, 타이어에 공기를 넣었으며, 직원들을 관리하고, 예비 부품을 팔고, 장부를 정리했다. 불과 몇 년 만에 수리와 판넬 작업, 전기 장치를 총괄하는 자동차 전문가 팀을 모두 고용할 만큼 사업은 번창했고, 심지어 르노 자동차를 파는 신차 전시장까지 갖추었다.

그렇지만 언제까지나 육체노동으로 살 수는 없는 노릇

이었다. 1966년에 우리는 자동차 수리 센터를 팔고, 유럽과 이스라엘로 가서 친구들과 친지들을 만나며 일곱 달 동안 긴 휴가를 즐겼다. 충분히 누릴 자격이 있는 휴가였다. 그런 다음 호주로 돌아와 본다이 비치 Bondi beach, 세계에서 가장 유명한 해변 중 하나로 호주 하면 가장 먼저 떠올리는 곳 - 옮긴이에 있는 부동산 중개업소에서 일자리를 얻었다. 나는 열심히 공부해서 부동산 중개업자 자격증을 땄고, 그 이후에는 'E 제이쿠 부동산 중개업소'를 열었다.

우리는 90대가 되도록 그곳에서 일했고, 그러다 마침내 은퇴할 때가 되었다는 결정을 내렸다. 아내와 나는 수십 년 동안 매일 중개업소로 출근해 옆에 나란히 앉아 일했으며, 인생에서처럼 일에서도 환상적인 팀워크를 이뤘다. 많은 사람들에게 생애 첫 집을 팔거나 임대를 알선해주는 것은 정말이지 보람 있었다. 심지어 지금까지도 우리 아이들은 수십 년 동안 우리를 기억하고 있다는 사람들을 만나곤 한다. 그들은 우리 부부가 그동안 만난, 유일하게 정직한 부동산 중개업자였다고 털어놓는다고 한다!

우리는 난민으로 지낸 경험, 친절을 베푸는 것의 중요성 그리고 호주에 처음 왔을 때 스코루파 가족에게 받은 도움을 아직도 잊지 않고 있다. 지금도 해리와 벨라 부부의 딸인 릴리 스크루파와 매우 가깝게 지내고 있다. 우리는 젊은 가족과, 새 인생을 시작하느라 약간의 도움이 필요한 사람들을 최선을 다해 도왔다.

나는 우리 모두가 거대한 사회의 구성원이며, 따라서 모두의 자유롭고 안전한 삶을 위해 각자 제 몫을 해야 한다는 사실을 생의 초기에 배웠다. 병원에 갔다 내가 만든 기계를 발견하면, 이 기계가 매일 누군가의 삶을 더 건강하게 만드는 데 쓰인다는 사실에서 뿌듯한 보람을 느낀다. 여러분이 하는 일이 뭐든 맥락은 다 똑같다. 당신은 교사인가? 그렇다면 매일 어린 사람들의 삶을 풍요롭게 해주고 있는 것이다! 혹은 요리사인가? 그렇다면 당신이 만드는 요리가 이 세상에 엄청난 즐거움을 안겨주고 있는 것이다! 물론 자신이 하는 일을 좋아하지 않을 수도 있고, 어쩌면 까다로운 사람들과 함께 일하면서 힘들어하고 있을지도 모른다. 하지만 그럼에도 당신이 하는 일은 중요하다. 당신은 당신이 맡은 몫을 해내며 세상에 기여하고 있다. 지금 이 순간, 당신이 하는 일이 세상의 많은 사람들에게 영향을 미치고 있다는 사실을 결코 잊어서는 안 된다. 그것이 세상에 좋은 영향을 줄지, 나쁜 영향을 줄지는 당신의 선택이다. 당신이 미소 지을지, 인상을 찌푸릴지 혹은 누군가를 미소 짓게 할지, 인상을 찌푸리게 할지도 마찬가지다. 우리는 매일 매 순간 우리 자신의 행복을 선택할 수 있다. 그것은 오로지 우리 자신에게 달려 있다.

14장

슬픔을 나누면 반이 되고,
기쁨을 나누면 배가 된다

❖

우리는 호주에서 멋진 인생을 살았다. 전쟁 중에 끔찍한 고난을 겪어서인지 정말이지 천국에서 사는 것 같았다. 아이들은 자라서 각자 자신의 가정을 이루고 아이를 낳았다. 나는 진심으로 행복했지만, 마음 깊은 곳은 슬픔에 젖어 있었다. 아버지는 쉰두 살에 목숨을 잃었다. 이제 내 아이들이 아버지가 세상을 떠날 때보다 더 나이가 많다. 나는 지금도 가끔 생각한다. 도대체 무엇 때문에? 내가 겪었던 그 모든 고난은 도대체 무엇을 위한 것이었단 말인가? 우리 가족은 무자비한 고통을 겪고 참혹하게 목숨을 잃었다. 하지만 왜?

무엇 때문에 그런 일이 일어났는지 지금도 잘 모르겠다. 실성한 한 사람을 위한 것 말고는 아무 이유도 없었다. 끔찍하게 세상을 떠난 유대인 육백만 명 그리고 나치가 살해한 그보다 더 많은 사람들. 그 수조차 헤아릴 수 없이 많은 사람들이 있다. 이들 중에는 예술가, 건축가, 의사, 변호사, 과학자가 있었다.

수준 높은 교육을 받은 이 사람들이 만약 죽지 않고 살았더라면 얼마나 많은 일들을 해냈을까? 그 생각을 하면 너무나 안타깝다. 어쩌면 지금쯤 암을 정복했을지도 모른다.

물론 나치에게 유대인은 인간이 아니었다. 그들은 유대인이 사라진다고 해서 세상이 손해를 본다고 생각하지 않았을 것이다.

수십 년 동안 나는 홀로코스트라는 대참사의 현장에서 보냈던 과거에 대해 단 한 번도 입을 열지 않았다. 상처가 너무 깊어서 이야기를 꺼내고 싶지 않았다. 너무 큰 상처를 입으면, 그 일에 대한 자신의 감정을 직시하지 않고 멀리 달아나고만 싶어진다. 어머니와 아버지, 이모와 사촌들, 사랑했던 거의 모든 사람들을 다 잃었는데, 대체 어떻게 그 일에 대해 말할 수 있겠는가? 나에게는 그동안 겪은 모든 일, 우리가 잃어버린 그 모든 것을 떠올리는 것 자체가 감당하기 힘든 고통이었다. 또한 그 일로부터 아이들을 보호하고 싶기도 했다. 진실을 알게 되면 아이들이 상처를 입을 것 같았다. 그래서 오랫동안 입을 굳게 다물고 지냈다.

그러나 오랜 세월이 지나면서, 마음속에서 이런 의문이 자라나기 시작했다. 다른 많은 사람들이 그토록 잔혹하게 목숨을 잃었는데, 나는 왜 아직도 살아 있는 걸까? 처음에는 하느님이나 다른 어떤 초월적 존재가 사람을 잘못 골랐다고, 나도 죽었어야 마땅하다고 생각했다. 하지만 문득, 내가 아직 살아 있는 것은 어떤 일이 일어났는지 알리기 위해, 증오가 얼마나 무서운지를 알리기 위해서가 아닐까 하는 생각이 들기 시작했다.

아내는 시를 매우 좋아한다. 나는 늘 아내가 나 대신 시인과 결혼했어야 한다고 생각했다. 그런 아내를 만나다니 나는 정말 운이 좋은 사람이다. 말과 글로 뭔가를 해내는 일은 나의 재능과는 거리가 멀었다. 내가 잘하는 것은 수학, 과학 그리고 기계를 다루거나 손으로 직접 뭔가를 만드는 일이었다. 하지만 어느 순간부터 내가 겪은 일에 대해 이야기하고 싶은 욕구가 점점 더 강렬해지기 시작했다.

처음 사람들 앞에서 내 경험담을 털어놓은 것은 어느 성당에서였다. 브라이튼르샌즈에서 가깝게 지내는 친구들은 독실한 가톨릭 신자였고, 이들이 성당 행사에 나를 초대해 강연을 하게 해준 것이다. 쉽지 않은 일이었지만, 이 일을 계기로 단단한 마음의 껍질을 깨고 조금씩 밖으로 나올 수 있었다.

1972년 홀로코스트 생존자 스무 명이 모여, '우리가 겪은 일에 대해 이제는 말해야 한다'는 데 의견을 모았다. 세상에 알려야 했다. 우리는 협회를 세우기로 했고, 충분한 자금이 모이는 대로 사람들을 모아 강연할 장소도 마련하기로 했다. 1982년에는 '유대인 홀로코스트 생존자 호주 협회'를 정식으로 출범시켰다(이 모임은 몇 년 뒤 생존자의 후손들이 합류하면서, '유대인 홀로코스트 생존자와 자손 호주협회'Australian Association of Jewish Holocaust Survivors and Descendants가 되었다). 그런 다음에는 시드니 유대인 박물관을 지을 적당한 장소를 물색하기 시작했다.

협회 회원 중에는 프랭크 로위Frank Lowy와 웨스트필드 그룹을 공동 창업한, 대단히 성공한 사업가인 존 사운더스John Saunders를 친구로 둔 사람이 있었다.

그 당시에는 웨스트필드 그룹이 최고의 전성기를 누리던

때였는데 윌리엄가^{William Street}에 웨스트필드 타워를 짓고 있었다. 사운더스는 달링허스트^{Darlinghurst}의 마카베오^{Maccabeus,} 반유대주의 정책을 실시하던 안티오코스 4세 에피파네스 치하에서 독립전쟁을 일으켜 3대에 걸쳐 독립했던 고대 이스라엘의 마지막 왕조-옮긴이 홀에 박물관을 지으라며 600만 달러를 기부했다. 마카베오 홀은 1차 세계대전에 참전한 유대인 병사들을 기리기 위해 1923년에 설립된 곳이다. 이렇게 해서 '시드니 유대인 박물관'^{Sydney Jewish Museum}이 탄생했다. 2007년에는 유대인 박물관을 확장했다. 이제 이곳에는 홀로코스트의 역사뿐 아니라, 호주에 도착한 '최초의 수인囚人 선단'1788년 영국에서 호주로 보낸, 죄수와 간수 등을 태운 열한 척의 선단-옮긴이에 탔던 유대인 열여섯 명까지 거슬러 올라간, 호주 유대인의 역사와 문화도 함께 전시되어 있다.

2011년에는 홀로코스트 생존자들이 만나 각자의 경험을 나눌 수 있는 작은 모임을 만들었다. 이 모임은 협회와는 별개로, 홀로코스트를 잊지 않으려는 모든 유대인에게 열려 있다. 이 모임의 이름은 '포커스'로, 강제 수용소에 억류되었던 경험이 있는 사람들이 회원으로 참여하고 있다. 매일 죽음과 대면하는 것이 어떤 느낌인지 아는 사람들, 사방에서 친구들이 죽어가는 걸 지켜본 사람들, 바람에 실려 온 화장터 냄새를 맡는 게 어떤 느낌인지 잘 아는 사람들, '어디로 가야 안전할까?'라고 아무리 생각해도 아무 데도 갈 곳이 없다는 걸 아는 사람들. 배반당하고, 잔혹하게 학대받았으며, 목숨이 위태로울 정도로 굶주려본 사람들. 바로 이런 사람들이 모여 있었다. 이 모임을 통해 마침내 나는 해방된 느낌이 들었고 가슴속 깊은 곳에 쌓여 있던 일들을 말할 수 있게 되었다.

강제 수용소에서 생존했던 사람들, 나와 똑같은 경험을 하고 똑같은 감정을 느꼈던 사람들, 해방된 이후에도 왜 그렇게 마음이 힘든지를 뼛속 깊이 이해해주는 사람들. 그들과 함께 있을 때 어떤 느낌이 드는지는 도무지 말로 다 설명할 수가 없다. 세상 모든 일이 다 그렇지만, 같은 경험을 하지 않은 사람을 진정으로 이해하는 것은 불가능하다. 얼마나 많은 책을 읽고, 얼마나 열심히 노력하는지는 그다지 중요하지 않다.

나는 자유로운 나라에서 태어나 자랐지만, 그 나라는 나의 감옥이 되었다. 나는 함께 고통을 겪은 이들과 그 감정을 나눠야 했다. 슬픔을 나누면 반이 되고, 기쁨을 나누면 배가 될 수 있으므로. 나의 모국어로 우리의 감정을 노래한 시가 있다.

멘셴 슈테르벤 (Menschen sterben 사람은 죽고)

블루멘 벨켄 (Blumen welken 꽃은 시들지만)

아이젠 운트 슈탈 브리히트 (Eisen und stahl bricht 철과 쇠도 부
서지지만)

아버 운제레 프로인트샤프트 니히트 (Aber unsere frundshaft
nicht 우리 우정은 그렇지 않다네)

이 세상은 몹쓸 곳이라고, 모든 인간은 내면에 악을 품고
있다고 넋두리를 늘어놓으며 삶에서 어떤 기쁨도 느끼지 못
하는 생존자도 있다. 이런 사람들은 해방되지 못한 것이다.
처참히 망가진 이들의 육신은 75년 전 수용소에서 걸어 나
왔을지 몰라도, 참혹하게 찢긴 이들의 마음은 아직 그곳에
머물러 있다. 마음의 고통에서 벗어나 행복을 받아들이고
자유를 느낄 만큼 운이 좋지 못했던 생존자도 많다. 나 역시
마찬가지이다. 고통과 두려움을 마음속에 품고 있는 한 진
정 자유로워질 수 없다는 걸 체득하기까지, 정말로 길고 긴
시간이 걸렸다.

나는 동료 생존자들에게 이제 그만 독일 국민을 용서하라고 말하는 게 아니다. 나도 그들을 용서하지 못한다. 하지만 그들에 대한 분노를 누그러뜨릴 수 있을 만큼, 나는 살면서 충분히 운이 좋았고 넘치는 사랑과 지지를 받았다. 분노에 매달려 평생을 보내는 건 얼마나 불행한 일인가.

분노는 두려움을 낳고 두려움은 증오를 낳으며 증오는 다시 죽음을 불러올 뿐이다. 나와 같은 세대의 많은 사람들이 증오와 공포라는 어두운 그림자 속에서 아이들을 길렀다. 그렇지만 두려움이 아이들에게 이로울 건 하나도 없다. 아이들에게는 그들만의 또 다른 인생이 있다! 아이들은 삶의 모든 순간을 찬미해야 한다. 우리가 아이들을 이 세상으로 데려왔으니, 그들을 응원하고 도와야지 부정적인 생각으로 끌어내려서는 안 된다. 이건 우리 생존자들이 잊지 말아야 할 중요한 교훈이다. 우리가 죽을 때까지 진정한 자유를 느끼지 못한다 해도, 아이들의 자유까지 빼앗아서는 안 된다. 나는 늘 아이들에게 이렇게 말한다.

"난 너희를 사랑해주고 싶어서 이 세상에 데려온 거야. 그러니까 너희들은 나한테 빚진 게 하나도 없어. 내가 너희에게 바라는 건 사랑과 존중뿐이야."

그런 면에서 나는 늘 감사와 자부심을 느낀다. 내가 이룬 진정한 성취는 바로 나의 가족들이기 때문이다. 아이를 낳고 아버지가 되는 것. 그 아이들이 자라 또다시 부모가 되면서 행복을 느끼는 것. 그 과정을 함께하는 것만큼 멋진 일은 이 세상에 없다.

이것은 아주 특별한 유대감이며, 할아버지가 되어서야 진정으로 알게 된 정말 소중한 깨달음이다. 내 아들이 자기 아들을 품에 안고, 그 아이가 자라는 것을 지켜보고, 그렇게 그 아이가 어린이가 되고, 학교에 다니고, 성인이 되고, 사랑에 빠지고, 자기 삶을 일궈나가는 과정을 지켜보는 것은 가슴 뿌듯한 기쁨을 안겨주었다.

나는 늘 아이들에게 아무것도 빚진 게 없으니 자신을 위해 살라고 이야기해준다. 하지만 그 아이들은 내 말을 듣지 않고 부탁하지도 않았는데 온갖 선물들을 들고 찾아온다.

매일 탁자에 앉아 커피를 마실 때 나는 사랑하는 아이들, 마이클과 안드레, 두 사람의 아내 린다와 에바, 손주인 대니얼, 마크, 필립과 칼리, 그리고 증손주인 라라, 조엘, 조이,

새뮤얼과 토비의 아름다운 사진들에 둘러싸여 있다. 그리고 이들에게서 나 자신과 사랑하는 아내 플로르의 모습을 본다. 또한 나의 아버지와 어머니의 모습도. 두 분이 지구상에 살아 숨 쉬던 짧은 생애 동안 내게 베풀어준 사랑도……. 이것은 말로 표현할 수 없을 만큼 감동적이고 멋진 일이 아닐 수 없다. 아이들은 모두 자기 나름대로 세상과 투쟁을 하고 또 나름대로 승리를 거두며 어른이 되어간다. 우리가 그 아이들에게 아름다운 것을 베풀면 그들 역시 받은 것을 이 사회에 아름다운 모습으로 되돌려줄 것이다. 아름다운 순환은 이렇게 이루어진다. 우리가 존재하는 이유는 바로 여기에 있다. 열심히 일하고, 다음 세대에 아름다운 유산을 물려주기 위해 노력하는 것.

특히 친절함은 그 무엇보다 빛나는 유산이 아닐 수 없다. 내가 오늘 행한 작은 친절이 어쩌면 어떤 사람의 일생에 오래도록 큰 영향을 미칠지도 모른다. 친절과 관대함, 인간에 대한 믿음이 돈보다 더 귀하다는 말씀. 이것은 아버지가 나에게 남겨준 가장 소중하고 위대한 유산이다. 아버지는 이런 방식으로 늘 우리와 함께 있다. 또 앞으로도 영원히 우리와 함께 살 것이다. 나는 다음 글귀처럼 살려고 노력하고, 사람들에게도 덕담처럼 들려주기를 좋아한다.

함께 나눌 사랑으로 언제나 충만하시기를,

남아돌 만큼 건강하시기를,

그리고 서로 아껴주는 친구들로 넘쳐 나시기를.

||||| **15장** |||||

내가 나누려는 것은
고통이 아니라 희망이다

❖

오랫동안 내가 겪은 일로 아이들에게 무거운 짐을 지우고 싶지 않다고 생각하며 살았다. 아이들은 내가 하는 강연을 몰래 듣고서야 난생처음으로 내가 겪은 일에 대해 알게 되었다. 장남인 마이클은 성인이 된 뒤에야 아버지가 유대교 대회당Great Synagogue에서 홀로코스트 경험담에 대해 강연할 거라는 소식을 들었다. 그동안은 내게서 그 일에 대해 한 마디도 들은 적이 없었다. 마이클은 나보다 먼저 강연장에 도착해, 자신이 와 있다는 걸 눈치채지 못하게 두꺼운 커튼 뒤에 숨어 있었다. 강연이 끝나자, 마이클은 눈물을 흘리며 커튼 뒤에서 나와 나를 꼭 안아주었다. 그 이후로 아이들이 강연장에 와서 청중석에 앉아 내 이야기를 듣긴 했지만, 아이들과 얼굴을 마주하면 나는 한 마디도 할 수가 없었다. 아이들에게 이야기를 하려고 할 때마다 아버지의 얼굴이 겹쳐 보였기 때문이다. 그러면 너무 고통스러워서 말문이 막히고 말았다.

우리가 겪은 이야기를 너무 오랫동안 하지 않은 것이 잘 못일지 모른다는 생각이 들 때도 있다. 우리가 좀 더 적극적으로 과거에 무슨 일이 일어났는지를 젊은 세대에게 증언했더라면 이 세상이 좀 더 나은 곳이 되지 않았을까, 지금 이 순간에도 세계 곳곳에서 일어나는 증오 범죄가 더 줄어들지 않았을까 하는 생각이 들 때도 있다.

어쩌면 정말 우리가 겪은 이야기를 충분히 하지 않았는지도 모른다. 이제 홀로코스트가 일어났다는 사실을 믿지 않는 사람들, 홀로코스트를 부인하는 사람들마저 생겨나고 있다. 상상할 수 있는가? 그렇다면 그들은 유대인 육백만 명이 어디로 사라졌다고 생각하는 것인가. 내 몸에 지금도 새겨 있는 이 문신은 도대체 어디서 온 것인가.

이제 내가 겪은 일을 알리는 것이 내게 주어진 의무라고 느껴진다. 어머니가 옆에 계셨다면 이렇게 얘기했을 것만 같다.

"에디, 날 위해 그렇게 해주겠니? 이 세상을 더 나은 곳으로 만들기 위해 애써주길 바란다."

여러 해 동안 나의 메시지가 세상으로 퍼져 나가는 것을 지켜보았다. 정말 감동적인 일이었다. 나는 셀 수 없이 많은 어린 학생, 정치인, 그리고 교수 앞에서 강연을 했다. 내 이야기는 우리 모두를 위한 것이므로. 또한 지난 20년 동안 한 해도 빠짐없이 호주 국방 대학교Australian Defence Force Academy를 찾아 젊은 군인들에게 경험담을 들려주고 있다. 나는 군인, 특히 언젠가 전투에 참가할 젊은이들에게 내 이야기를 들려주고 싶다. 누군가에게 총을 겨눌 수도 있는 사람에게 가장 필요한 메시지이므로.

학교에서 강연할 때마다 나는 "오늘 아침 집에서 나올 때, '엄마, 사랑해요'라고 말한 사람 손들어봐요"라고 말하곤 한다. 어느 날 저녁, 집에 돌아왔더니 아내가 이런 소식을 전했다.

"에디, 리 부인이 전화했어요. 전화 좀 걸어달래요."

나는 리 부인에게 전화를 걸었다.

"리 부인, 전화하셨어요?"

"네, 제이쿠 씨. 제 딸에게 어떻게 하신 거예요?!"

"네? 리 부인, 전 아무 짓도 안 했는데요!"

"아니에요! 제이쿠 씨! 당신은 기적을 만드셨어요. 제 딸이 오늘 집에 와서는 저를 꼭 안아주더니 귀에 대고 '엄마, 사랑해요'라고 속삭이지 뭐예요. 열일곱 살짜리 다 큰 애가 말이에요! 보통은 저랑 맨날 싸우거든요."

나는 젊은 친구들을 만나면 항상 어머니를 안아드리라고 이야기한다. 어머니는 당신을 위해 모든 것을 다 해주는 사람이라고, 그런 어머니에게 감사하다고 말하라고, 사랑하는 마음을 표현하라고 이야기한다. 왜 이 세상 누구보다 당신을 사랑하는 사람과 말다툼을 벌이는가? 차라리 거리로 나가 쓰레기를 아무 데나 버리는 행인을 붙잡고 말다툼을 벌여라. 찾아보면 당신의 어머니보다 말싸움하기 더 좋은 상대가 수백만 명은 눈에 보일 것이다.

매주 자리에서 일어나면, 나는 아내에게 입을 맞춘 뒤에 정장을 갖춰 입고 내가 겪은 일을 이야기하러 유대인 박물관으로 갔다. 처음에는 유대인 아이들이 이야기를 들으러 왔다. 그다음에는 시드니 전역의 학생들이, 또 그다음에는 호주 전역에서 학생들이 왔다. 그리고 그 뒤를 이어 어른들, 교사와 교사의 친구들, 또한 그들이 사랑하는 사람들이 와서 내 이야기를 듣기 시작했다. 정말이지 감동적인 광경이었다. 학교와 지역 사회단체, 회사 등등에서 젊은이와 나이 든 사람을 막론한 온갖 연령대의 사람들이 강연을 해달라고 부탁했다. 나는 점점 더 가까운 곳, 먼 곳을 가리지 않고 강연을 하러 다니기 시작했다.

그러던 어느 날, 호주 정부에서 보낸 서신이 도착했다. 내가 어느 저명한 의사의 추천으로 호주 국민 훈장^{Order of Australia Medal}의 수훈자로 선정되었으며, 참석자들이 수훈의 영광을 함께해줄 거라고 씌어 있는 문서였다.

2013년 5월 2일, 나는 아내 및 가족들과 함께 시드니에 있는 정부 청사로 갔고, 뉴사우스웨일스^{New South Wales}주 주지사인 마리 바쉬어^{Marie Bashir}가 주재하는 훈장 수여식에 참석

했다. 그 자리에서 유대인 공동체를 위해 헌신한 대가로 호주 국민 훈장을 받았다.

얼마나 대단한 영광이었는지! 얼마나 근사한 일이었는지 모른다. 한때는 슬픔밖에 모르는 나라 잃은 난민이었는데, 이제 호주 국민 훈장의 수훈자 에디 제이쿠가 되다니!

그러던 중 2019년에는 테드^{TED} 측의 연락을 받았다. 테드는 '세상에 퍼뜨릴 만한 아이디어'라는 기치 아래 전 세계 모든 사람들을 상대로 강연을 하고 서로 이야기할 수 있도록 돕는 단체이다.

테드 측은 나의 메시지를 가능한 한 많은 사람들에게 전달하고 싶다고 이야기했다. 오천 명 이상이 강연장에 모이고, 수십만 명 이상이 온라인으로 내 강연을 지켜보게 될 예정이었다. 2019년 5월 24일, 드디어 내 생애 최초로 엄청난 수의 청중들 앞에서 강연을 하게 되었다.

그 전까지는 그렇게 많은 사람들 앞에서 연설한 적이 없었다! 이야기를 마치자, 청중 전원이 자리를 박차고 일어나 끝도 없이 박수갈채를 보내주었다. 그러고 나서도 나와 악수하거나 나를 포옹해주려는 사람들 수백 명이 긴 줄을 서서 기다렸다.

이후에는 테드 홈페이지와 유튜브 등으로 백만 명 이상이 내 강연을 지켜보았다. 테크놀로지는 정말이지 경이롭다. 내가 어렸을 때만 해도 전보를 보내거나, 비둘기를 날려 보내는 게 전부였는데! 이제 내 이야기를 듣고 얼마나 감동받았는지 이야기해주는 편지를 전 세계 사람들에게 받을 수 있다니. 며칠 전에는 어떤 미국 여성에게 손 편지를 받았다. 내게 처음 편지를 쓰는 그 여성은 이렇게 고백했다.

'17분 동안 선생님 이야기를 듣고 너무나 많은 생각을 하게 되었습니다. 선생님의 말씀을 들은 이후로 제 인생은 완전히 달라졌습니다.'

상상할 수 있겠는가? 얼마 전까지만 해도 나는 그 누구와도 고통을 나누려 하지 않았다. 하지만 이제 나는 안다. 내가 나누려 하는 것은 고통이 아니라는 것을. 내가 나누고 싶은 것은 희망이라는 것을.

2020년에는 뉴사우스웨일스주에서 주관하는 '올해의 호주 연장자 시민상'NSW Senior Australian Citizen of the Year 후보에 올랐다. 수상하지는 못했지만 최종 네 명의 후보에 올랐다. 백 살

먹은 노인으로서 그다지 나쁘지 않은 결과였다!

나는 앞으로도 할 수 있는 한 오랫동안 내 이야기를 할 것이다. 내가 강연을 그만두지 않아 어쩌면 유대인 박물관에서 나를 쫓아내야 할지도 모른다! 힘에 부치면, 이미 이 세상을 떠나 자신의 이야기를 할 수 없게 된 많은 이들을 기억할 것이다. 또한 참혹한 세월을 사느라 너무 끔찍한 상처를 입어 자기 경험담을 차마 입에 올리지 못하는 다른 많은 사람들도 떠올릴 것이다. 내가 말하는 것은 바로 이런 사람들을 위해서이다. 또한 나의 부모님을 위해서이기도 하다.

그동안 겪은 일을 입 밖으로 꺼내는 것이 쉽지만은 않다. 때로는 기억하는 것조차 너무나 힘들고 고통스럽다. 하지만 그럴 때마다 '우리가 모두 사라지면 어떻게 되지?'라고 나 자신에게 묻는다. 생존자인 우리가 모두 죽고 나면 어떻게 되는 걸까? 우리 이야기가 역사에서 사라지는 것은 아닐까? 우리를 기억하기나 할까? 이제 새로운 세대, 젊은이들이 세상을 더 좋은 곳으로 만들기 위해 희망을 불태워야 할 때다. 그들이 우리가 겪은 고통을 귀 기울여 듣고 그 대신 희망을 물려받을 것이다.

텅 빈 들판일지라도, 내가 힘을 쏟아 씨앗을 뿌리고 물을 주면 머지않아 아름다운 정원이 될 수 있다. 인생이란 바로 그런 것이다. 당신이 먼저 무언가를 주어라. 그러면 되돌아올 것이다. 그렇지만 아무것도 주지 않으면, 아무것도 돌아오지 않는다. 당신의 정원에 꽃 한 송이를 피워라. 그것은 기적의 시작이다. 당신이 피운 꽃 한 송이는 그냥 꽃 한 송이가 아니다. 그것은 바로 드넓은 정원의 시작이다.

나는 앞으로도 누군가 홀로코스트에 대해 알고 싶어 한다면, 내 이야기를 계속 할 작정이다. 단 한 사람이라도 내 말에 귀 기울여준다면 충분히 가치 있는 일이라고 생각한다. 그리고 그 사람이 지금 이 글을 읽고 있는 당신이면 좋겠다. 나의 이야기가 나의 새로운 친구인 당신의 마음에 가닿기를 희망한다.

75년 전, 전쟁이 끝난 뒤에 나치 대원 한 명이 벨기에 감옥에 전범으로 수감되어 있다는 소식을 듣고, 수소문해서 찾아갔던 적이 있었습니다.

"왜죠? 왜 그런 짓을 한 겁니까?"

그자에게 물었습니다. 그자는 대답하지 못했습니다. 온몸을 부들부들 떨더니 울기 시작했습니다. 사람보다 못한 존재, 마치 무언가의 그림자처럼 보였습니다. 안쓰러운 감정까지 들 지경이었습니다. 그자는 사악해 보이지 않았고, 이미 죽은 사람처럼 무기력해 보였습니다. 내 질문에 대한 대답은 듣지 못했습니다.

나이가 들수록, "도대체 왜?"라는 생각을 더 깊이 하게 됩니다. 마치 정답이 있는 공학 문제를 푸는 것처럼 답을 얻기 위한 생각에서 벗어날 수 없었습니다. 기계에 문제가 생겼다면 고장 난 부분을 찾아서 수리하면 그만이지만, 인간의 마음은 그러기가 쉽지 않습니다.

내가 찾은 유일한 답은 '증오'라는 병입니다. 증오는 암 같은 질병의 시작입니다. 증오는 적을 죽이기도 하지만, 그 과정에서 자기 자신도 파괴됩니다.

불운이 닥쳤을 때, 남을 탓하지 마세요. 사는 게 쉽다고 말하는 사람은 이 세상에 단 한 사람도 없습니다. 만약 불운이 온다고 하더라도 자신의 삶을 사랑해보세요. 그러면 아주 조금은 수월해집니다. 자기 인생을 증오하면, 도무지 살 수가 없게 됩니다. 내가 친절한 사람이 되려고 노력하는 것은 바로 이것 때문입니다. 죽는 것보다 더 참혹한 고통을 겪었지만, 나는 나치가 틀렸다는 것을 입증해 보이고 싶습니다. 증오를 품고 사는 사람들이 틀렸다는 것을 이 세상에 보여주고 싶습니다.

그래서 나는 아무도, 심지어 히틀러도 증오하지 않습니다.

그자를 용서했다는 말이 아닙니다. 히틀러를 용서하면, 목숨을 잃은 육백만 명을 배신하는 셈이 되니까요. 용서란 있을 수 없습니다. 이제는 말을 하고 싶어도 할 수 없게 된 그 육백만 명을 위해 하는 말입니다. 내가 죽지 않고 사는 것은 그들을 위해서이기도 합니다. 그 이유 때문에라도 나는 할 수 있는 한 최선을 다해 살고 있습니다.

인생의 가장 처참했던 시기에서 벗어날 때, 나는 남은 생을 웃으며 살겠다고, 최대한 행복하게 살겠다고 다짐했습니다. 내가 먼저 웃으면 세상이 함께 웃어주기 마련입니다.

물론 삶이 늘 행복한 건 아닙니다. 살다 보면 힘겨운 날이 훨씬 더 많습니다. 하지만 지금 당신이 살아 있다면 운이 좋았기 때문이란 걸 잊지 마세요. 이 글을 쓰는 나도, 읽고 있는 당신도, 모두 운 좋은 사람들입니다. 지금 우리가 들이쉬고 내쉬는 모든 호흡이 선물입니다. 내 존재를 있는 그대로 받아들이면 인생은 훨씬 더 아름다워집니다. 행복은 우리 손에 달려 있습니다.

75년 전에는 내가 아이를 가질 수 있을 거라고는, 더군다나 손주와 증손주를 보게 될 거라고는 상상조차 하지 못했습니다.

매일매일이 인간 이하의 삶이었으니까요. 그런데 그랬던 내가 지금 이렇게 당신에게 이야기를 하고 있습니다.

　마지막으로 부탁이 있습니다. 이 책을 내려놓은 후에, 부디 시간을 내서, 삶의 모든 순간에 감사하길 바랍니다. 삶을 살아가다 보면 좋은 순간도 있고, 나쁜 순간도 있을 겁니다. 환하게 웃을 일도, 왈칵 눈물을 쏟을 일도 있을 겁니다.

　만약 운이 좋다면, 저의 경우처럼 평생 동안 함께할 수 있는 친구가 곁을 지켜줄 겁니다. 매일매일 행복해야 합니다. 그래야 다른 사람을 행복하게 해줄 수 있으니까요. 그 사실을 언제까지나 잊지 않으면 좋겠습니다. 당신이 먼저 나서서 이 세상과 친구가 되어주면 좋겠습니다. 당신의 새 친구, 에디를 위해 그렇게 해주면 정말 좋겠습니다.

감사의 말

오랫동안 많은 사람들이 책을 쓰라고 권했고, 또한 많은 홀로코스트 동료 생존자들이 책을 펴냈지만, 나는 책을 쓸 생각이 전혀 없었습니다.

그랬던 내가 결국 이 책을 쓰게 된 것은 팬맥밀란 출판사의 공입니다. 이들은 백 년이라는 세월 동안 쌓인 경험과 생각을 글로 써보라고 끊임없이 이야기했고, 나는 결국 그 설득에 넘어갔습니다. 그런 점에서 이 출판사의 발행인인 케이트 블레이크와 작가인 리엄 피퍼에게 진심으로 감사의 인사를 드립니다.

케이트는 이 책을 펴내야 한다는 확신을 갖고 시종일관 뜻을 굽히지 않았으며, 리엄은 풍부한 감성과 빼어난 문장력으로 내가 구술한 이야기를 지면에 옮겨주었습니다.

소중한 가족, 사랑하는 아내 플로르와 아들인 마이클과 안드레의 격려와 조언도 정말 큰 힘이 되었습니다. 이 책을 이 세 사람과, 손주인 대니얼 제이쿠-그린필드, 마크, 필립, 칼리, 증손주인 라라, 조엘, 조이 그린필드, 새뮤얼과 토비에게 바칩니다. 또한 멀거나 가까운 친척들, 여동생 헤니의 자손인 레아 울프와 미리암 오펜하임, 대참사가 벌어지기 전에 유럽을 떠나 팔레스타인으로 간, 모리츠 아이젠 삼촌(사랑하는 어머니의 남자 형제)과 살라 데사우어 고모(아버지의 여자 형제)에게도 바칩니다.

이 책을 통해 인류 역사상 가장 잔혹한 사회에서 살해당한 모든 친지들에게도 추모의 뜻을 전합니다.

이제는 말할 수 없게 된 무고한 육백만 유대인들 그리고 그들과 함께 사라져버린 문화와 음악, 그 밖의 엄청난 가능성을 결코 잊지 않기를 기원합니다.

홀로코스트를 겪은 이후부터 75년 동안 제 곁에 있어준 모든 친구들에게도 감사의 마음을 전하고 싶습니다.

그와 더불어 제가 겪었던 이야기를 모든 사람들에게 터놓고 말할 수 있도록 꾸준히 격려해주신 시드니 유대인 박물관과 이곳의 훌륭한 직원분들에게도 감사의 인사를 전합니다. 1992년에 문을 연 이 박물관은 저에게 두 번째 집이나 다름없었으며, 이곳의 직원들과 자원봉사자들은 두 번째 가족이나 다름없었습니다.

영어가 모국어가 아닐뿐더러 적지 않은 나이 탓에, 책을 쓰는 일이 만만치가 않았습니다. 하지만 독자 여러분이 나의 노력을 가치 있다고 여겨주시면 더할 나위 없이 기쁠 것입니다.

우리들 한 사람 한 사람은 힘이 약하지만, 다 같이 모이면 큰 힘을 낼 수 있습니다.

이 책을 통해 조금이나마 이 세상이 더 나은 곳이 되기를, 사람이 사람을 더 존중하게 되기를 바랍니다.

힘든 일이 있어도 절대로 희망의 끈을 놓지 말라는 말도 해주고 싶습니다. 친절하고, 예의 바르며, 사랑으로 충만한 사람이 되기에 너무 늦은 때란 없는 법입니다.

모든 사람들에게

행운을 빕니다(Best of luck).

알레스 구테(Alles gute ^{독일어로 행운을 빌어요}).

본 샹스(Bonne chance ^{프랑스어로 행운을 빌어요}).

당신의 친구, 에디 제이쿠

"아무리 힘들어도
자기 삶을 사랑해보세요"

실화에서 느껴지는 거부할 수 없는 흡입력

홀로코스트 생존자가 쓴 책을 검토해달라는 출판사의 의뢰를 받고 처음 든 생각은, '비슷한 책이 이미 여러 권 나와 있지 않나', '이제 알 만큼 알지 않나'였다.

그러나 별다른 기대 없이 처음 몇 장을 넘기자 가슴에 묵직한 울림이 느껴졌고 곧 빨려들듯 몰입하게 되었다. 세상 물정 모르는 스물 살 남짓 된 청년이 유대인 대학살이라는 희대의 야만적 사건을 온몸으로 겪은 실화에서 느껴지는 거부할 수 없는 흡입력 때문이었을 것이다.

저자 에디 제이쿠는 독일에서 태어나 자란 유대인으로 행복한 어린 시절을 보내고, 명문대에서 기계공학을 공부한다. 하지만 나치가 권력을 잡으면서 강제 연행되어 수용소에 갇히는 신세가 된다. 이후 독일, 벨기에, 프랑스, 폴란드 등 여러 나라의 수용소를 전전하며 목숨을 건 탈출을 시도하고, 민가에서 도움을 청하다 다리에 총을 맞고, 부모님을 아우슈비츠 가스실에서 잃고, 하나뿐인 동생과 만났다 헤어지기를 반복하고, 수시로 무자비한 폭력을 당하는 등, 생사를 넘나드는 인간 이하의 참혹한 생활을 한다. 또 기계공학 전문가로 나치를 돕기도 하면서 간신히 목숨을 부지한다. 평범한 젊은이가 겪는 상상을 초월하는 고난의 행로를 따라가면서, 눈에 눈물이 맺히고 손에 땀을 쥐게 되는 것은 어찌할 수가 없었다. 이후 책을 번역하는 과정에서 아우슈비츠에 대한 정보를 검색해보니, 저자가 실상을 과장하기는커녕 지나치게 잔혹한 내용은 오히려 자제했다는 것을 알 수 있었다.

일상을 빼앗긴 우리에게 전하는 용기와 희망
이 책이 더욱 놀랍고 감동적인 이유는 언제 어떻게 죽을지 모르는 최악의 환경에서도 인간으로서의 존엄성 그리고 양심과 도덕을 지키려는 저자의 결연한 의지가 느껴지기 때문이다. 죽음을 코앞에 둔 극한 상황에서 인간이란 어떤 존재인지, 또 어떤 존재여야 하는지에 대해 많은 생각을 하게 해준다.

저자는 종전 후 벨기에에서 난민으로 살다, 결혼을 하고 호주로 이주해 다복한 가정을 이루고 사업에도 성공한다. 그럼에도 심각한 마음의 상처를 입은 사람이 정상적인 삶에 편입되어 행복을 찾는 과정은 결코 쉽지 않다. 저자는 감당하기 힘든 아픔을 가슴 깊이 묻고 지내다, 노년이 된 후에야 너무 고통스러워 자식들에게도 털어놓지 못한 자신의 경험담을 세상에 알리기로 한다. 다음 세대에 자신의 이야기를 널리 알려 다시는 똑같은 비극이 되풀이되지 않게 하려는 굳은 결심에 따른 것이다. 어렵사리 시작한 강연이 좋은 반응을 얻으면서 저자는 호주 전역을 오가며 수차례 강연을 하고, 그 공로를 인정받아 호주 국민 훈장을 받고, 결국 백 살이 되던 해에 이 책을 출간하기에 이른다.

시련을 극복한 이야기, 감동적이고 파란만장한 삶의 이야기는 언제나 흥미를 끈다. 특히나 지옥 같은 시련을 견뎌내고 한 세기를 살아낸 에디 제이쿠의 이야기는 훨씬 더 절절하게 우리의 마음을 사로잡는다.

코로나19로 팬데믹 상황이 예상보다 길어지면서 모두가 힘들어하는 지금 이 시기에는 더욱 그러할 것이다.

소중한 가족을 잃은 사람, 건강을 잃은 사람, 생계를 잃고 하루하루 허덕이는 사람 등등 많은 사람들이 정상적인 일상조차 누리지 못하고 고통받고 있다. 이렇게 힘든 하루를 보내는 많은 사람들에게 어쩌면 더한 시련을 겪은 에디 제이쿠만큼 큰 용기와 희망을 건네줄 사람도 없을 것이다.

홀로코스트는 아직도 진행 중이다

얼마 전 미국에 사는 지인과 통화하다, 요즘 번역하는 이 책에 대한 이야기가 자연스럽게 화제에 올랐다. 그런데 그 지인이 얼마 전 미국 신문에서 홀로코스트에 관한 기사를 읽은 적이 있다며, 테네시주에 사는 한 노인이 나치 전범으로 밝혀져 최근 독일로 추방되었다는 이야기를 해주는 게 아닌가. 검색해보니, 프리드리히 칼 베르거라는 아흔다섯 살 노인이 나치 치하의 강제 수용소에서 무장 간수로 일했던 전력이 밝혀져, 독일로 강제 추방되었다는 기사(〈뉴욕 타임스〉

2021년 2월 21일자)를 어렵지 않게 찾을 수 있었다. 2차 세계 대전이 끝난 이후 75년 이상의 세월이 흘러 나치 전범으로 추정되는 이들 대부분이 사망했기 때문에, 이 사건이 나치 부역자에 대한 미국 정부의 마지막 기소 사건이 될 가능성이 높다는 테네시주 사법부의 예측도 함께 실려 있었다. 오래전에 마무리된 줄로만 알았던 홀로코스트 가해자에 대한 법적 처벌이 최근까지 이루어지고 있었다니, 불현듯 홀로코스트가 먼 과거 속 전설이 아니라 아직도 우리 곁에서 진행 중인 사건이라는 걸 실감할 수 있었다.

고통에서 탄생한 희망의 메시지

저자의 테드(TED) 강연 동영상을 인터넷으로 찾아보았다. 사람 좋아 보이는 백발의 할아버지가 강연을 하는데, 극심한 고난을 겪은 사람이 맞나 싶게 표정이 밝고 순수하고 인자해 보였다. 저자는 수많은 청중 앞에서 생지옥과도 같았던 아우슈비츠의 참상을 고발했다. 하지만 그럼에도 자신은 지금 아무도 증오하지 않는다고 이야기했고, 그러자 청중은 우레와 같은 박수를 그에게 보냈다.

또한 그는 아무리 삶이 힘겹고 암울하고 고통스러워도 자기 삶을 사랑해보라고, 희망을 버리지 말라고, 하루하루 소소한 행복을 찾아보라고 말했다. 어찌 보면 너무나 단순하고 순진한 메시지인 것 같지만, 저자의 목소리를 듣고 있으면 왠지 모르게 가슴이 저미면서 설득당하게 된다.

강연이 끝난 뒤 한참 동안 뜨거운 기립 박수가 이어졌다. 평범한 한 사람의 파란만장한 삶, 그리고 거기서 우러나오는 희망의 메시지가 나를 비롯한 많은 이들의 삶에 크고 작은 변화를 불러오길 염원해본다.

2021년 11월

홍현숙

에디 제이쿠 Eddie Jaku

1920년 유대계 독일인으로 태어나 유복하고 사랑이 넘치는 가정에서 어린 시절을 보냈다. 그러나 1933년 나치가 정권을 잡은 이후부터 그의 인생은 180도 뒤바뀌기 시작한다. 라이프니츠 김나지움에 진학하지만 유대인이라는 이유만으로 쫓겨난 것이다. 그는 '발터 슐라이프'라는 독일인 고아 신분으로 위장해 겨우 기계공학 대학에 입학하고 5년 동안 공부한 끝에 의료기기 제작사에서 일하게 된다.

그러던 1938년 11월 9일, 부모님을 깜짝 놀라게 해주려고 비밀리에 고향집에 방문했다가 나치 돌격대에 붙잡힌 그는 부헨발트 강제 수용소로 이송되고, 이때부터 고난의 인생이 펼쳐진다. 독일, 벨기에, 네덜란드, 프랑스 등 유럽 각지에 있는 여러 수용소에 감금되었다가 탈출하기를 반복하던 그는 천신만고 끝에 가족들과 상봉하고 11개월 동안 숨어 살지만, 이웃의 밀고로 발각되어 악명 높은 아우슈비츠에 강제 이송된다. 이곳 가스실에서 부모를 잃은 그는 그로부터 약 1년 3개월 뒤인 1945년 5월까지 인간 이하의 생지옥을 경험하게 된다.

종전 후 벨기에에서 난민으로 살면서 결혼한 에디 제이쿠는 호주로 이주한 후 다복한 가정을 이루고 사업에도 성공한다. 너무 고통스러워서 자식들에게조차 말하지 못했던 홀로코스트 경험담을 노년이 되면서 털어놓기 시작한 그는 결국 1992년부터 2020년 3월까지 시드니 유대인 박물관에서 홀로코스트 경험담을 강연하는 봉사 활동을 하게 된다. 참담한 일을 겪은 사람답지 않게 은은한 미소를 띠며 스스로를 '세상에서 가장 행복한 사람'이라고 말하는 그의 이야기는 많은 사람들에게 큰 감동을 전해주었다.

100세가 되던 해에 내놓은 이 책 『세상에서 가장 행복한 100세 노인』(원제: The Happiest Man on Earth)은 그의 인생을 집약해놓은 회고록으로 3분의 1가량이 아우슈비츠 체험담으로 채워져 있다. 이 책은 마치 영화를 보는 듯 손에 땀을 쥐게 하는 긴박감과 마음을 녹이는 아름다운 언어로 큰 인기를 끌면서 곧바로 아마존 베스트셀러 1위까지 등극했고 전 세계 37개국에 소개되기에 이른다. 많은 사람들에게 감사와 사랑과 희망의 아이콘이 되어준 에디 제이쿠는 올해 10월 12일 102세의 나이로 시드니에서 세상과 작별했다.

홍현숙

어린 시절부터 온갖 종류의 책에 푹 빠져 살았으며, 그 인연으로 연세대 불문과에서 공부한 이후 번역가의 길로 들어섰다. 세심하고 깐깐한 눈으로 작품을 고르는 그녀는 『세계 서스펜스 걸작선』(전 3권), 『애거서 크리스티 전집 60 : 엄지손가락의 아픔』, 『내 마음속 심리카페』, 『비밀의 요리책』, 『아틀란티스 미스터리』, 『나는 네가 어디 있는지 알고 있다』, 『라이프 보트』, 『갈릴레오의 딸』 등 다수의 작품을 우리말로 옮겼다.

The Happiest Man on Earth

세상에서 가장 행복한 100세 노인

1판 1쇄 발행 | 2021년 12월 20일
1판 10쇄 발행 | 2022년 1월 28일

지은이 | 에디 제이쿠
옮긴이 | 홍현숙
발행인 | 김태웅
기획편집 | 박지호, 김슬기
외부기획 | 민혜진
디자인 | design PIN
마케팅 총괄 | 나재승
마케팅 | 서재욱, 김귀찬, 오승수, 조경현, 김성준
온라인 마케팅 | 김철영, 장혜선, 김지식, 최윤선
인터넷 관리 | 김상규
제 작 | 현대순
총 무 | 윤선미, 안서현, 최여진, 강아담
관 리 | 김훈희, 이국희, 김승훈, 최국호

발행처 | (주)동양북스
등 록 | 제2014-000055호
주 소 | 서울시 마포구 동교로22길 14 (04030)
구입 문의 | 전화 (02)337-1737 팩스 (02)334-6624
내용 문의 | 전화 (02)337-1739 이메일 dymg98@naver.com

ISBN 979-11-5768-766-4 03180